service-check
gastronomie & hotellerie

CHRISTINE POSSLER · ULLA THOMBANSEN

service-check

gastronomie & hotellerie

CHRISTINE POSSLER · ULLA THOMBANSEN

MATTHAES VERLAG GMBH

ISBN 978-3-87515-056-8

Satz und Gestaltung: Kerstin Gugel, Matthaes Verlag
Umschlaggestaltung: Büroecco Kommunikationsdesign GmbH, Augsburg

© 2011 Matthaes Verlag GmbH, Stuttgart
Printed in Germany

INHALT

Service

ist nach unserem Verständnis alles, was
wir für Gäste tun, wenn sie es wünschen.

Guter
Service

ist alles, was Gäste zufrieden,
begeistert oder gar glücklich macht.

SERVICE MACHT
DEN UNTERSCHIED

Was ist Service und welcher ist wann wichtig? Für Kunden oder Gäste ist Service zunächst einmal alles, was ihnen weiterhilft und worauf sie dann zugreifen können, wenn sie es brauchen. Wie dieser Service aussieht, hängt vom Angebot ab. So bietet z. B. ein Restaurant einen anderen Service an als ein Biergarten mit Selbstbedienung oder ein Hotel. Ob der Gast den gebotenen Service als gut oder schlecht erlebt, hängt von seinen Erwartungen ab: Was stellt er sich unter gutem Service vor, was hat er schon erlebt?

Das ist in der Regel viel und wird immer mehr. Die Gäste von morgen (zu einem guten Teil auch schon die von heute) sind vernetzt mit der ganzen Welt und informieren sich und ihre Freunde aktiv über soziale Netzwerke wie Facebook oder Xing. Sie wollen den ständigen Dialog mit allen, die sie mögen und interessant finden. Das bringt auch die Gastronomie und Hotellerie in Zugzwang. Prognosen für die nahe Zukunft sagen übereinstimmend: Erfolgreich im Service wird derjenige sein, der es schafft, sich zielgerichtet und aktiv mit den Gästen zu beschäftigen und die eigenen Angebote klar von denen seiner Mitbewerber abzugrenzen. Das macht deutlich: Fortwährender Dialog und klares Profil sind die Erfolgsfaktoren der Zukunft. Hier kommt der Service ins Spiel.

Aus fachlicher Sicht ist Service der nicht anfassbare Teil einer Leistung, der ihre anfassbare Seite, z. B. das gute Essen, erheblich aufwertet und vom Mitbewerber unterscheidbar macht – und der im Umkehrschluss Gäste vergrault, wenn er fehlt. Damit schafft Service Mehrwert und legt so einen Grundstein für wirtschaftlichen Erfolg, insbesondere in Gastronomie und Hotellerie, den Musterschülern unter den Dienstleistungsberufen.

Service	ist nach unserem Verständnis alles, was wir für Gäste tun, wenn sie es wünschen.
Guter Service	ist alles, was Gäste zufrieden, begeistert oder gar glücklich macht.

Das gilt umfassend und nicht nur im direkten Gästekontakt. Im Serviceunternehmen arbeitet jeder für den Gast. Führung, vorbereitende Arbeiten, Gastkontakte und Nachbereitung haben alle ein gemeinsames Ziel: Gäste zufriedenstellen, begeistern und binden, damit der wirtschaftliche Erfolg stimmt! Und wer nicht direkt mit dem Gast zu tun hat, arbeitet für und mit Kollegen, die er in deren Gastkontakt unterstützt: in Marketing und Verkauf, damit die Gäste auch kommen, in Haustechnik und Reinigung, damit alles für die Gäste funktioniert, in

Buchhaltung und Rechnungswesen, damit die Abrechnungen stimmen und alle Ressourcen – Mitarbeiter und Material – rechtzeitig bereitstehen.

Wir sprechen hier meist von Gästen, denn sie genießen die Gastronomie und Hotellerie als Konsumenten. Kunden, sprich: Geschäftskunden, kommen eher im Tagungs- oder Bankettgeschäft als Auftraggeber zum Zuge. Beide, Gäste wie Kunden, erleben Service in fünf Etappen, die gleichzeitig die Kommunikation mit dem Gastronomen oder Hotelier und seinen Mitarbeitern gliedern:

- ▶ Mit dem **Kontakt** geht es los. Was in der Kontaktaufnahme gut läuft, erleichtert den weiteren Ablauf.
- ▶ Das kommt der **Beratung** zugute: Gäste und ihre Wünsche sind jetzt leichter einzuschätzen und zu erfüllen.
- ▶ Darauf baut der strukturierte **Verkauf** auf, der durch Zusatzverkäufe Mehrwert schafft.
- ▶ Das schafft **Zufriedenheit** beim Genuss der Serviceleistung bis hin zur Begeisterung – bei guter Beschwerdebehandlung sogar in den kritischen Fällen.

▶ Nur auf dieser Grundlage lässt sich **Bindung** aufbauen, eine unabdingbare Voraussetzung für dauerhaft gute Umsätze und Erträge mit Stammgästen.

▶ Jetzt schließt sich der Kreis auf höherem Niveau zum nächsten **Kontakt** mit Stammgästen, aber auch zu neuen Gästen, die auf Empfehlung kommen.

Dieser Ratgeber lädt Sie ein, den eigenen Service kritisch unter die Lupe zu nehmen. Er gibt vielfältige Tipps für eine positive Entwicklung, alle aus der erlebten Praxis gezogen und nach den beschriebenen Etappen in fünf Kapitel gegliedert. Innerhalb der ersten vier Kapitel Kontakt, Beratung, Verkauf und Zufriedenheit gibt es folgenden, identischen Aufbau:

▶ Ein kurzer Einstieg richtet das Augenmerk auf die Bedeutung des Themas und nennt wichtige Erfolgsprinzipien.

▶ Praxisbeispiele, geschildert aus der Sicht des Gastes und aus der Sicht des Mitarbeiters oder der Leitung, beschreiben Situationen der täglichen Praxis, sensibilisieren für eventuelle Fallstricke und zeigen häufige Fehler auf.

▶ Service-Tipps bieten konkrete Lösungen und Zusammenfassungen, worauf es in der Praxis ankommt.

▶ Kurz-Checks und Kurz-Trainings unterstützen Sie in der Umsetzung. Die Kurz-Checks können Sie „eins zu eins" in Ihren Alltag übernehmen, die Kurz-Trainings können Sie mit Beispielen aus Ihrem Haus füllen und mit kurzer Vorbereitung im Team einsetzen. Einen Einstieg mit Erklärung finden Sie auf Seite 10.

Das fünfte Kapitel Bindung fasst die Erfolgsprinzipien für eine dauerhafte Gästebindung zusammen – wieder mit Service-Tipps für ihre praktische Verwirklichung.

Damit richtet sich unser Service-Check an Sie als Führungs- oder Fachkraft in Gastronomie und/oder Hotellerie. Wir wünschen Ihnen aufschlussreiche Erkenntnisse, die Sie in Ihre tägliche Praxis übertragen können, und spannende interne Trainings.
Wie Sie das Buch lesen sollen? Wie Sie möchten! Kreuz und quer stöbernd oder in der Reihenfolge von vorne bis hinten. An den Stichworten unter dem Titel erkennen Sie das Thema, um das es geht. An dem Logo sehen Sie, ob das Beispiel aus Gastronomie 🍵 oder Hotellerie 🔔 kommt, auch wenn das letztlich meist egal und auf den jeweils anderen Bereich übertragbar ist.

Ihre
Christine Possler
Ulla Thombansen

KURZ-TRAININGS UND KURZ-CHECKS

Was funktioniert wie?

Erfolg entsteht bei der Arbeit, aber alles ist immer nur so gut, wie man es prüft. Dieser Satz aus dem Qualitätsmanagement gilt auch und gerade bei einem Thema, das sich harten Prüfkriterien häufig entzieht, weil sein Gelingen von lauter „weichen", menschlichen Faktoren abhängt: Lächeln und Freundlichkeit, Zuwendung und Aufmerksamkeit lassen sich eben nur schwer messen.

Unser Service-Check bietet Ihnen Kurz-Trainings und Kurz-Checks an, anhand derer Sie zusammen mit Ihren Mitarbeitern erarbeiten und überprüfen können, wie diese weichen Faktoren bei Ihnen aussehen und wie sie aussehen sollen.

Die Kurz-Trainings können am Arbeitspatz stattfinden. Sie sind auf etwa zehn Minuten ausgelegt und lassen sich meist problemlos in die tägliche Arbeit integrieren. Methodisch sind sie im Rahmen einer Agenda als Ablauf beschrieben, sodass Führungs- und Fachkräfte sie eigenständig durchführen können. Am besten funktionieren sie mit drei bis sechs Teilnehmern. Alles, was Sie dafür brauchen, ist ein Flipchartständer (oder ein großformatiges weißes Papier, das Sie an die Wand hängen), einen dicken Filzschreiber (z. B. edding 500 schwarz) und Blocks sowie Stifte für die Teilnehmer. Besonders nachhaltig werden die Trainings, wenn Sie die Ergebnisse schriftlich festhalten und als „Erinnerung im Alltag" aushängen. Wichtige Inhalte, die es zu erarbeiten gilt, und Beispiele für ihre Wirkung finden Sie jeweils in den Fällen vor einem Kurz-Training. Zum Kennenlernen gibt es ein kurzes Selbst-Training auf der nächsten Seite.

Die Kurz-Checks setzen sich aus jeweils zehn Prüfpunkten zusammen, die vorher Thema von Trainings waren oder sich über den Kurz-Check selbst erklären. Unser Ziel ist es, sportlichen Ehrgeiz im Team zu wecken, sodass sich die Kollegen über nachvollziehbare Prüfpunkte gegenseitig in der Leistung unterstützen. Es geht nicht darum, Schwachpunkte oder Fehler anzuprangern. Sobald das geschieht, geht die gute Stimmung schnell verloren und Sie können die Kurz-Checks nur noch selbst zur Kontrolle nutzen – aber keine breite Wirkung im Team mehr erreichen.

Am besten verteilen Sie den entsprechenden Checkbogen an die Mitarbeiter des Bereichs, dessen Leistung Sie optimieren wollen, und gehen die Punkte gemeinsam durch. Dabei hilft immer wieder die Erinnerung: „Hand aufs Herz! Machen wir das wirklich immer so oder gibt es viele Ausnahmen?" Was immer nicht funktioniert, liefert Ihnen Ansatzpunkte für Ideen und Veränderungen, für die Sie Ihre Mitarbeiter dann viel leichter gewinnen können, als wenn Sie die Punkte für sich allein ausarbeiten und anweisen.

Wir wünschen Ihnen viel Spaß und viel Erfolg!

Einführung

Eine Orientierung

Minuten	Inhalt, Methode und Hilfsmittel
0'	Einstieg: Erläuterung des Trainingsinhalts und des erreichbaren Ziels. Gleichzeitig dient das als Orientierung für die Trainingsteilnehmer: Beispiel: „Unser heutiges Thema ist der Aufbau und Ablauf der Trainings, die Sie als Führungskraft oder Teamleitung mit Ihren Mitarbeitern durchführen können. Ziel ist es, sich einen Überblick zu verschaffen und gut vorbereitet für die Praxis zu sein." **Aufbau einer Trainingsagenda** *Frage:* *Die Agenda startet in den meisten Fällen mit einer Frage an Ihre Mitarbeiter. Sie wollen ihnen ja keine Vorträge halten, sondern ihre Erfahrung und ihr Wissen nutzen und gemeinsam weiter entwickeln.* Beispiel: „Wie können Sie Ihre Mitarbeiter am besten einbinden und aktiv am Training beteiligen?" Antworten sammeln und evtl. ergänzen: ▶ Lassen Sie Ihre Mitarbeiter direkt zu Wort kommen, sammeln Sie Anregungen und Antworten. *Sie finden inhaltliche Ergänzungen als Vorschläge aufgelistet und können diese mit Ihrem eigenen Praxiswissen komplettieren, z. B.: Mitarbeiter-Erfahrungen zu Beispielen aus ihrem Betriebsalltag erfragen, ihr Wissen „anzapfen", sie zum Mitdenken auffordern, ihre Antworten ernst nehmen und bestätigen, ihre Ideen aufgreifen, ...*
2'	**Ergebnisse mitschreiben** *Erklärung:* *Kurze Erklärungen liefern Ihnen Hilfestellungen* Für das Mitschreiben am Flipchart gilt: ▶ Jedes Flipchart hat eine Überschrift (Kurzfassung der Frage). ▶ Schreiben Sie sauber in Groß- und Kleinschreibung über zwei bis drei Kästchen auf dem Blatt.

Minuten	Inhalt, Methode und Hilfsmittel
	▸ Gliedern Sie erkennbar, was zusammen gehört. ▸ Halten Sie das Blatt übersichtlich und klar, nehmen Sie lieber ein zweites, wenn Sie viele Antworten bekommen. *Üben Sie das Schreiben mit dem dicken Filzstift, bevor Sie in das erste Training starten – tun Sie das vielleicht gleich jetzt.*
6'	**Gruppenarbeiten** *Erklärung:* *Einige Fragen richten sich nicht an alle, sondern an je zwei bis drei Ihrer Mitarbeiter. Hier ist es sinnvoll, über einen kurzen Zeitraum Gruppen zu bilden. Das schafft Austausch und erleichtert es gemeinsam zu überlegen und Ideen zu sammeln. Gut, wenn die Mitarbeiter einen Block oder ein Blatt Papier vor sich haben, um Stichworte festzuhalten. Die Ergebnisse der kleinen Gruppen werden nach einigen Minuten präsentiert und das Gespräch damit wieder zusammengeführt. Wenn es anfangs schleppend ist, stellen Sie Ihre Frage noch einmal mit anderen Worten.* *Gute Ideen oder gute Formulierungen Ihrer Mitarbeiter halten Sie auf dem Flipchart fest.* *Damit landen Sie zeitlich bei etwa 10 Minuten und gehen dann den letzten Schritt.*
10'	**Zusammenfassen und vereinbaren** Beispiel: „Wir haben jetzt viele Formulierungsbeispiele gesammelt." *Erklärung:* ▸ Einmal im Zusammenhang nennen. *So leiten Sie den Abschluss eines Trainings ein. Sie stellen damit heraus, was Sie erarbeitet haben und vereinbaren zum Abschluss, dass sich alle daran halten. Kündigen Sie an:* Beispiel: „Ich hänge die Flipcharts im Büro aus. Probiert bitte aus, mit welcher Wortwahl ihr am besten zurecht kommt, und bitte, wechselt immer mal wieder. Zeigt, dass wir Profis sind, die persönlichen und guten Service leisten können! *Verabschieden Sie Ihre Mitarbeiter schwungvoll und motivierend!*

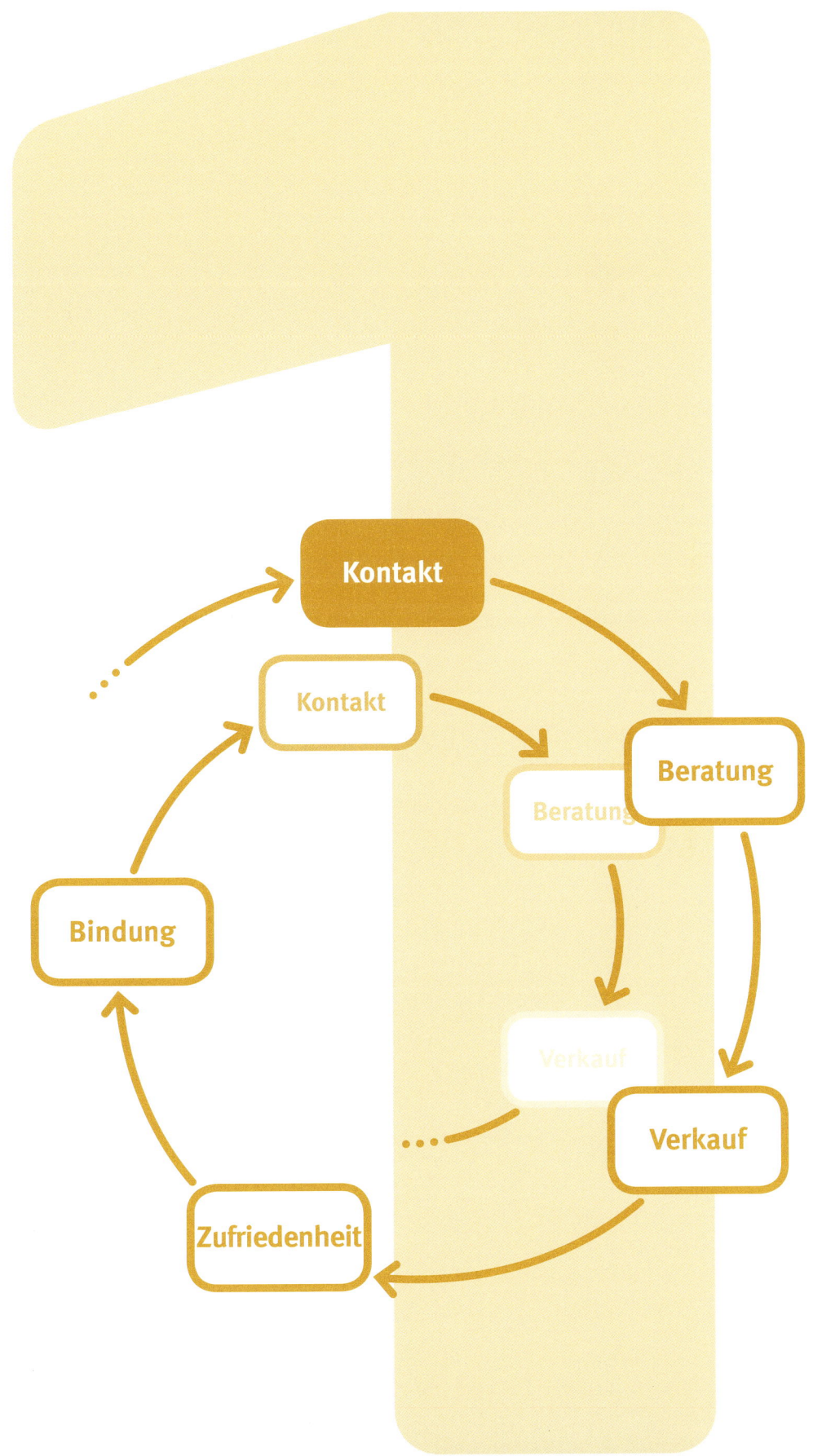

KONTAKT

Der Kontakt bildet die Grundlage für die weitere „Zusammenarbeit" zwischen Gastgeber und Gast, denn auf diese Beziehung kommt es in der „gastpräsenten Dienstleistung" an. Wenn der Gast nicht kommt und „mitspielt", kommt diese Leistung nicht zustande. Sauber bezogene Betten bleiben leer und Lebensmittel verlieren in der Küche ihre Frische.

Hier gewinnen beide Seiten den ersten prägenden Eindruck voneinander, und der soll aus Sicht von Gast oder Kunde natürlich sehr positiv sein, damit er die nächsten Etappen wohlwollend angeht. Deshalb gilt:

▶ **Erreichbar sein**

Ein positiver Kontakt setzt voraus, dass der Gast seinen Gastgeber auch erreicht – ob auf der Homepage oder im Netzwerk, per E-Mail, Telefon oder Fax (immer seltener) oder persönlich vor Ort. Ständige „Verfügbarkeit von Dienstleistern" ist im Zeitalter von Smart Phones und mobilen Internet-Zugängen selbstverständlich. Dafür müssen Gastronomen oder Hoteliers und ihre Mitarbeiter nicht rund um die Uhr persönlich anwesend sein oder am Telefon sitzen. Aber Nachrichten sollen über eine sympathische und bequeme Kontaktmöglichkeit wie Mail oder Anrufbeantworter einlaufen können, kombiniert mit persönlicher Erreichbarkeit bzw. Rückruf während der Geschäftszeiten. Auch Portale in sozialen Netzwerken wie Facebook oder Xing werden immer „normaler".

▶ **Beziehungen knüpfen**

Wenn Menschen geschäftlich miteinander zu tun haben, geht es natürlich um die Sache – aber nicht nur! Gefühle und Befindlichkeiten schwingen immer mit. Sie können den sachlichen Kern entweder unterstützen oder stören.

Die Konzentration auf das Thema fällt viel leichter, wenn sich Gesprächspartner miteinander persönlich wohlfühlen. Wenn das nicht klappt, werden sie das Unbehagen zunächst beseitigen wollen, womit das Gesprächsziel erst einmal in den Hintergrund tritt. Hier liegt übrigens eine Hauptursache dafür, dass sich Menschen in aufregenden oder unangenehmen Situationen wenig Sachliches merken können – die Beziehungsstörung überlagert alles. Also: In Begrüßung und Einstieg auf Freundlichkeit, Charme, Zuhörqualität und aufmerksame Antworten „mit einem Lächeln in der Stimme" achten!

▶ Orientierung und Auskunft geben

Wer Kontakt zu Mitarbeitern in einem Lokal, einer Pension oder einem Hotel aufnimmt, hat Fragen. Sind die Antworten inhaltlich zufriedenstellend und wurden sie sympathisch gegeben, tritt der Gast gerne die nächste Etappe an und lässt sich konkret beraten. Im negativen Fall bleibt es vielleicht bei diesem ersten und einzigen Kontakt.

Nicht zu vernachlässigen sind auch die Sinneseindrücke, die der Gast spontan aufnimmt, auch wenn ihm das selbst nicht bewusst ist. Sie können mehr bewirken, als mancher Gastgeber glaubt. Das beginnt beim optischen Eindruck von „Haus und Hof", geht über Kleidung und Auftreten des Ansprechpartners, Licht, Geräusche bis hin zu den guten oder strengen Düften, die ihm begegnen. All dies stellt die Visitenkarte des Hauses dar – und diese soll überzeugen und sachliche Informationen untermauern!

DER ERSTE EINDRUCK PRÄGT

... DER LETZTE EINDRUCK **BLEIBT**

Herzlich willkommen

Den Gast persönlich begrüßen

Ein Gast kommt, nähert sich dem Eingang, öffnet die Tür, tritt ein. Da steht er nun, schaut sich um und sucht einen Platz für ein schnelles Mittagessen. Ob er sich wohl an den großen Tisch am Fenster setzen kann? Es kommen ja noch zwei Kollegen nach. Doch leider ist niemand da, den er fragen kann. Eine Servicemitarbeiterin läuft geschäftig an ihm vorbei zu einem anderen Tisch. Hat sie ihn überhaupt gesehen? Der Kellner an der Theke schaut auch nicht auf, sondern konzentriert sich auf das Bier, das er gerade zapft. Also setzt sich der Gast an seinen Tisch. Aber richtig wohl fühlt er sich nicht.

Aus Sicht der Mitarbeiterin

Mittags ist richtig viel zu tun, da müssen wir laufen. Wir geben in unserem kleinen Lokal mit seinen 40 Plätzen wochentags immerhin rund 90 Essen aus! Das muss rollen! Das klappt auch gut – unser Chef sagt immer: Wir sind eine tüchtig-tolle Truppe.
Wenn die Gäste sich nur schneller entscheiden würden! Die meisten kennen unsere Karte doch und überlegen dann trotzdem hin und her, was sie heute bestellen sollen."

Begrüßen Sie jeden Gast – zumindest mit den Augen und einem lächelnden Blick! Dann fühlt er sich als Gast und nicht nur als Kunde, dem Sie ans Portemonnaie wollen. Er weiß, Sie haben ihn gesehen, er ist willkommen und er fühlt sich wohl. Und wer sich wohl fühlt, entscheidet schneller und kauft meist mehr! Das Gute daran ist, so ein Gruß kostet keine Zeit!
Tüchtig allein reicht auf Dauer nicht. Tüchtig und freundlich, ja sogar herzlich, schafft langfristig Erfolg und gute Stimmung, dann verkaufen Sie vielleicht bald täglich 120 Essen mit Zusatzverkauf und gutem Trinkgeld!

Praktisch klappt das beispielsweise so:
- ▶ Jeder hält die Tür im Auge und lächelt hereinkommende Gäste an.
- ▶ Wann immer es passt, begrüßen Sie ankommende Gäste mit einem kurzen „Guten Tag!", „Grüß Gott", „Hallo", ... – bei Stammgästen mit Namen!
- ▶ Sehen Gäste fragend oder suchend aus, bieten Sie Hilfe an. Wer das vergisst, wird von Kollegen erinnert!

Haaallooo, ist da jemand?

Da sein

Ein Außendienstmitarbeiter steuert gegen 17 Uhr einen Gasthof an, der ihm von außen ganz gut gefällt. „Könnte vielleicht geschlossen sein, so wie das hier aussieht", denkt er und freut sich, dass sich die Tür öffnen lässt. Im Flur findet er ein Hinweisschild zur Rezeption, dort sieht er – niemanden. Der Tresen ist unbesetzt, weit und breit ist kein Mensch zu sehen. Allerdings hört er aus der oberen Etage Schritte und das Geräusch von Türen. Also ruft er mehrmals: „Haaallooo, ist da jemand?"

Aus der Sicht der Junior-Chefin
Ich habe heute jede Menge zu tun. Ein Zimmermädchen ist ausgefallen und ich muss noch die restlichen Zimmer kontrollieren und mit frischen Handtüchern versorgen. Am späten Nachmittag geht das meist ganz gut, denn da kommt kaum jemand. Deshalb bin ich mit meinem Wäschekorb nach oben gegangen und habe gerade das dritte Zimmer fertig, als ich von unten ein Rufen höre. „Ach, das hört sicher meine Schwiegermutter und geht hin", ich mache lieber hier oben weiter.

Seien Sie immer empfangsbereit, auch wenn Sie woanders zu tun haben. Klären Sie mit Ihren Kollegen, wer Sie vertritt. Wer in einem Hotel am „Empfang" niemanden vorfindet, wird nicht immer suchen und rufen. Er wird sich eher fragen, ob sein Zimmerschlüssel hier sicher untergebracht ist, vielleicht weiterdenken, „Wenn die mich nicht wollen ..." und das nächste Haus ansteuern, das ihm sein Navi anbietet.

Außerdem gilt auch hier: **Der erste Eindruck prägt!** Er setzt dem Gast sozusagen die Brille auf, durch die er alle weiteren Eindrücke filtert! Sie wissen doch, es gibt keine zweite Chance für einen ersten Eindruck!

Was tun, wenn verschiedene Aufgaben an Ihnen zerren?

▶ Organisieren Sie eine ständige Präsenz an der Rezeption oder eine laute Klingel, die in der Küche/auf den Etagen zu hören ist (ohne massiv zu stören). Dann können Sie mit wenigen Schritten und den Worten: „Danke, dass Sie geklingelt haben, ich war kurz in der oberen Etage" für Ihren Gast da sein.

▶ Stellen Sie sicher, dass ein Kollege, der in der Nähe ist, auf Ankömmlinge achtet, wenn Sie Ihren Platz verlassen.

▶ Stellen Sie einen Standard für „den ersten Eindruck" auf. Was soll Ihr Gast sehen, erleben, denken, empfinden? Vielleicht: „Hier komme ich in ein gastfreundliches, gepflegtes Haus, in dem sich die Gastgeber um mich kümmern. Hier fühle ich mich wohl und gut aufgehoben."

Hi!

Der passende Gruß

Eine Auszubildende setzt gerade die letzten polierten Gläser für das Hochzeitsbankett ein, als die Brautmutter kommt, um die Tischkarten zu verteilen. Ein lockeres „Hi!" kommt der jungen Frau etwas gedankenlos über die Lippen, das die von den Vorbereitungen sowieso schon gestresste Dame gar nicht lustig findet. Ihre Belehrung folgt auf dem Fuße: „Unsere Gäste begrüßen Sie aber bitte anständig!" Daraufhin verlässt die Auszubildende lieber schnell den Saal.

Aus Sicht der Auszubildenden

Ich arbeite meist in der Sportsbar des Hauses und finde solche Sonderveranstaltungen mit „aufgetussten" Gästen sowieso „ätzend" – muss dort aber auch mitarbeiten. Nach der Erfahrung gerade eben denke ich: „Das wird ja lustig heute Abend. Und: Was ist überhaupt ein „anständiger Gruß"?

Passen Sie Ihren Gruß Ihrem Gegenüber an: Unterschiedliche Generationen beispielsweise fühlen sich nicht durch jeden Gruß richtig angesprochen – Ältere und hierarchisch höher Stehende meist nicht durch „Hallo!" oder gar „Hi!". Das klassische „Guten Morgen", „Guten Tag" oder „Guten Abend" erfüllt immer seinen Zweck.
Auch „Tschüss", „Tschö" oder „Ciao" passen nicht zu jedem, mit „Auf Wiedersehen" sind Sie auf der sicheren Seite, vor allem wenn Ihre Gäste einen etwas formelleren Eindruck machen.
Grüßen Sie, wie es regional üblich ist. „Grüß Gott" wirkt charmant, „Moin" am Abend ist im Norden häufig die Einleitung zu einem erklärenden Gespräch mit auswärtigen Gästen.

Müssen wir jetzt Grüße vorschreiben?
- ▶ Nein, denn der Gruß soll persönlich sein.
- ▶ Er soll sich aber in dem im Haus gewünschten Rahmen bewegen. Das ist ein Trainingsthema.
- ▶ Überlegen Sie gemeinsam, mit welchen Worten Sie grüßen können!

Schweigen im Walde

Anfragen schnell beantworten

Die Assistentin der Geschäftsleitung einer mittelständischen Firma ist mit der Planung der Außendiensttagung betraut. Sie hat vor über einer Woche eine Anfrage an ein Hotel etwas außerhalb gestellt, aber keine Antwort bekommen – obwohl sie zweimal per Mail nachgefasst hat. Jetzt versucht sie es jetzt bei einem anderen Hotel, denn die einen scheinen es nicht nötig zu haben.

Aus Sicht der Hoteldirektorin

Ein möglicher Auftrag geht uns verloren, obwohl wir uns vorgenommen haben mehr Tagungen aus der nahen Metropole zu gewinnen. Dafür gibt es jetzt im Anbau den neuen, schönen, hellen Raum. Unsere Küche ist sowieso gut, die Zimmer sind nett, und die Preise günstig. Das wissen Firmen vor allem in wirtschaftlich schwierigen Zeiten zu schätzen. Aber der organisatorische Unterbau fehlt uns wohl noch. Auch der Umgang mit Internet und E-Mails bereitet uns noch Schwierigkeiten, zumal die Seniorin, die alle Reservierungen bearbeitet, das auf ihre alten Tage nicht auch noch lernen will.

Der Kunde erhält keine Antwort, vermisst die Wertschätzung für sein Interesse und wandert ab.

Beantworten Sie Anfragen prompt und aussagefähig. 24 Stunden sind die Frist für eine erste Antwort, die auch wirklich auf die angefragten Details eingehen soll. Standard-„Paketangebote" helfen einer Kundenmitarbeiterin, die mehrere Angebote auswerten muss, meist nicht weiter. Sie kann Äpfel nicht mit Kirschen vergleichen und berücksichtigt kein Angebot, das ihr zu viel Arbeit macht.

Das bedeutet für Ihre Praxis:
- ▶ Checken Sie Ihre E-Mails mindestens zweimal täglich. Wenn Sie das nicht selbst tun möchten oder können, übertragen Sie diese Aufgabe an einen zuverlässigen Mitarbeiter.
- ▶ Beantworten Sie Anfragen und/oder Reservierungswünsche innerhalb eines Tages – dies gilt auch für Restaurants.
- ▶ Klären Sie eventuelle Fragen vorab telefonisch. Das gibt Ihnen die Chance, Hintergründe zu verstehen, passgenau zu formulieren und Bindung aufzubauen.
- ▶ Bereiten Sie Musterangebote mit Bausteinen für kalkulierte Leistungen vor, die Sie schnell und kundenorientiert zusammensetzen und maßgeschneidert ergänzen können.
- ▶ Beachten Sie auch beim Verfassen von E-Mails die Regeln für eine gute Korrespondenz (persönliche Ansprache, Betreff, Rechtschreibung, Zeichensetzung, Grußformel ...). Das gilt auch für schnelle Antworten vom Smart Phone.

Kurz-Check „Erstkontakt"

Der erste Eindruck prägt!

	Checkpunkt	Erfüllt ✓	Nicht erfüllt	Maßnahme
1	Wir nehmen Anrufe spätestens nach dem dritten Klingeln an.	☐	☐	....
2	Wir beantworten jede E-Mailanfrage innerhalb von 24 Stunden.	☐	☐	....
3	Die Außenbereiche sind gepflegt, sauber und alles funktioniert.	☐	☐	....
4	Der Eingangsbereich ist beleuchtet und empfangsbereit vorbereitet.	☐	☐	....
5	Im Haus erkennt der Gast sofort, wohin er sich wenden kann.	☐	☐	....
6	Alle präsentieren sich in sauberer, kompletter Arbeitskleidung.	☐	☐	....
7	Wir nehmen jeden Gast wahr, wenn er den Raum betritt.	☐	☐	....
8	Wir begrüßen jeden Gast mit einem persönlichen Gruß (Blick/Wort).	☐	☐	....
9	Wir wissen, welcher Gruß für welchen Gast angemessen ist.	☐	☐	....
10	Jeder suchende Gast findet sofort einen Ansprechpartner, der ihm freundlich und kompetent weiterhilft.	☐	☐	....
	Summe			....
	Ergebnis in Prozent (Summe x 10)	☐	☐	....

Das wollen wir verbessern:

....

....

....

....

Hallo, bitte melden!

PRAXISBEISPIEL

Das Telefon klingelt ins Leere

Die Übernachtungsrechnung hat einen Fehler in der Mehrwertsteuer, deshalb ruft eine Sachbearbeiterin in dem Hotel an, in dem ihr Kollege aus dem Verkauf übernachtet hat. Sie will die Spesenabrechnung vom Tisch haben, aber leider geht keiner ans Telefon. Jetzt startet sie den dritten Versuch – um elf Uhr müsste doch das Telefon besetzt sein! Es klingelt einmal, zweimal, dreimal, viermal bis jemand abnimmt: „Hotel Adler in Scheldingen, Guten Tag!" – „Ja Guten Tag, schön dass sich bei Ihnen auch mal jemand meldet."

Aus Sicht der Mitarbeiterin
So ein blöder Kommentar. Ich habe mir eine passende Antwort gerade noch verkniffen. Die Leute meinen wirklich, wir sitzen den ganzen Tag im Büro und warten auf ihren Anruf! In einem kleinen Haus wie unserem hat jeder mehrere Aufgaben und ich habe eben etwas mit unserer Zimmerfrau besprochen! Ich bin extra gerannt, um diesen Anruf noch zu bekommen!

SERVICE-TIPP

Seien Sie erreichbar, immer! Das erwarten Ihre Gäste und potenziellen Kunden. Anrufweiterleitungen auf mobile Geräte, die mit Ihnen unterwegs sind, gehören zur Professionalität – mit einem kleinen Block und einem Stift in der Tasche, um Stichworte für das Anliegen des Anrufers und einen eventuellen Rückruf zu notieren.

Wenn Sie nach Geschäftsschluss Ihren Anrufbeantworter einschalten (bitte nicht mittags, da erwartet man Ihre Erreichbarkeit), dann nicht mit dem Einleitungstext: „Guten Tag, Sie rufen außerhalb unserer Geschäftszeiten an ...!" Das empfinden Anrufer als Vorwurf und Zumutung und nicht als angenehme Serviceleistung. Viel schöner klingt da: „Schön, dass Sie uns anrufen! Bitte teilen Sie uns Ihr Anliegen nach dem Ton mit, morgen ab acht Uhr sind wir gerne auch persönlich wieder für Sie da und rufen Sie gerne zurück!"

Für die Organisation in Ihrem Haus ist wichtig:
- ▶ Klären Sie, wer Telefonbereitschaft hat, auch in der Mittagszeit und wenn Sie in Besprechungen sind!
- ▶ Üben Sie das Spechen, wenn Sie selbst in Bewegung sind – Sie sollen nicht klingen, als ob sie auf der Flucht wären. Am besten stehen bleiben, atmen und dann erst abnehmen.
- ▶ Achten Sie darauf, dass keine neugierigen Dritten Dinge mithören, die nicht für sie bestimmt sind. Vertraulichkeit ist auch ein Service. Dann lieber antworten: „Ich bin hier im Moment nicht am Platz, kann ich Sie gleich zurückrufen?"

Was wollen Sie mir damit sagen?

Klare und eindeutige Auskünfte geben

Die Sekretärin will morgens eine Übernachtung für ihren Chef buchen, der eine Tagung „in der Provinz" besucht. Im Hotelbuchungssystem hat sie nichts in der Nähe gefunden, das meiste ist mindestens 30 Kilometer entfernt. Also ruft sie beim größten Haus am Platze an. Eine Hotelmitarbeiterin hört sich das Anliegen an (das Geschirrklappern verrät, dass momentan Frühstückszeit ist), verbindet etwas barsch weiter, und die Chefin meldet sich. Ihre Antwort: „Ja, was ist das denn für eine Art Reservierung?"

Die irritierte Sekretärin betont, dass Sie eine Einzelübernachtung für ihren Chef buchen möchte. Antwort im gleichen Stil: „Aber Ihre Firma kenne ich gar nicht. Und wir sind da ziemlich ausgebucht."

Die Buchung kommt nicht zustande, die Sekretärin bucht ein Kettenhotel und einen Mietwagen in der nächsten Stadt.

Aus Sicht der Chefin

Ich weiß ja nicht, ob zu der Gruppenbuchung unseres Stammkunden, die wir zu dem Termin haben, noch etwas dazu kommt. Da halte ich lieber etwas frei.

Kommunizieren Sie klar. Wenn Sie etwas frei halten wollen und das für Sie wirtschaftlich sinnvoll ist, dann ist aus Ihrer Sicht für den nächsten anfragenden Gast kein Zimmer mehr frei. Sagen Sie mit dieser klaren Auskunft ab.

Für die praktische Umsetzung:
- ▶ Eine klare, freundliche Ansprache mit Namen und Bedauern, dass Sie ausgebucht sind, macht Sie sympathisch.
- ▶ Unklare Botschaften wie „ziemlich ausgebucht" vermitteln dem Gegenüber: Der schätzt mich nicht, dem bin ich nicht wichtig. Der will mich nicht.
- ▶ Im konkreten Fall schreibt die Sekretärin das auch in die Bewertungen des Buchungsportals.

Gut gemeint, aber ...

Individuell-prägnante Meldung am Telefon

Hier kommen die Leiden eines Anrufers, der ein Wochenende in einem Gasthof buchen möchte und folgende „Serviceleistungen" erlebt:

„Herzlich willkommen im romantischen Landgasthof „An der Auenmühle" in Herzogen-Mittagsfeld. Mein Name ist Roswitha Martinson-Grojanus. Was kann ich für Sie tun?" ... „Da freuen wir uns, dass Sie unser Haus gewählt haben. Es wird Ihnen bestimmt in unserer romantischen Auenmühle gefallen. Ich verbinde Sie jetzt mit unserer Reservierung. Die wird Ihnen sicher ein gutes Angebot machen." (Warteschleife) ... „Guten Tag. Hier ist die Reservierung im romantischen Landgasthof „An der Auenmühle" in Herzogen-Mittagsfeld. Mein Name ist Hans-Gerd Krukenmüller. Was kann ich für Sie tun?" ... „Das ist eine gute Entscheidung. Oh, ich sehe gerade, da haben wir eine große Hochzeit. Bitte warten Sie kurz, ich frage mal eben unseren Chef, was wir da für Sie tun können." (Warteschleife)

Aus Sicht der Mitarbeiter
Wir bemühen uns sehr freundlich und professionell am Telefon zu wirken. Wir haben uns überlegt, wie wir uns melden und jeder müsste doch glücklich sein, so freundlich behandelt zu werden. Bei mir hat sich zumindest noch nie jemand beklagt!

Entrümpeln Sie Ihre Telefonstandards! Geben Sie vor, was in Ihrer Meldung vorkommen soll, das ist Ihre Visitenkarte. Dazu gehören sicher Firmenname, Mitarbeitername und ein zur Tageszeit bzw. Region passender Gruß. Lassen Sie dann die Mitarbeiter, die das Telefon bedienen, verschiedene eigene Formulierungen finden und ausprobieren. Das wirkt persönlicher und meist überzeugender als ein auswendig gelernter Text.

Für die praktische Umsetzung:

▶ Machen Sie Ihr eigenes kleines Telefontraining (siehe nächste Seite). Darin können Sie die wirklich notwendigen Regeln festlegen: z. B. Anruf vor dem vierten Läuten annehmen, klar und deutlich sprechen (mit einem Lächeln in der Stimme), zuhören, Namen notieren, mit Namen ansprechen, Wichtiges sofort aufschreiben, bevormundende Floskeln wie „da müssen Sie" vermeiden ...

▶ Ermutigen Sie Ihr Team, sich gegenseitig Rückmeldungen zu mitgehörten Telefonaten zu geben.

▶ Wenn Sie weiterverbinden, informieren Sie Ihren Kollegen gleich über das Anliegen des Anrufers. Dann ist er schon im Bilde und kann direkt auf den Anrufer eingehen. Denn dieser ist spätestens dann sauer, wenn er seine Geschichte zum dritten Mal erzählen muss.

▶ Hören Sie dem Anrufer zu – vielleicht hätte er ja gern selbst das Gespräch beendet, als er von der Hochzeit hörte.

▶ Üben Sie, zügig zu Lösungen zu kommen oder zu dem Vorschlag, eine Lösung vorzubereiten und dann zurückzurufen.

„Telefon"

Die Visitenkarte am Telefon

Minuten	Inhalt, Methode und Hilfsmittel
0'	*Einstieg* *„Es geht ums richtige Telefonieren, also um unsere Meldung, den anschließenden Gesprächseinstieg wie auch um den Abschluss eines Gesprächs. Damit geben wir zuverlässig eine freundliche Visitenkarte, die zu uns passt, am Telefon ab, klingen aber nicht aufgesetzt oder monoton."* **Unsere Meldung bei eingehenden Gesprächen:** *Frage:* *„Welche Informationen gehören in jedem Fall in eine solche Meldung und den anschließenden Gesprächseinstieg?"* Antworten sammeln und evtl. ergänzen: ▶ Name des Hauses, eigener Name, Gruß – passend zur Tageszeit. ▶ Anrufer nennt seinen Namen. ▶ Noch einmal namentlicher Gruß und eine Formulierung für „Was kann ich für Sie tun" (Lächeln in der Stimme).
2'	*Frage:* *„Wie können wir diese Informationen ‚verpacken', damit wir nicht immer gleich und monoton klingen?"* Beispiele sammeln und gute Formulierungen auf dem Block oder noch besser für alle sichtbar am Flipchart mitschreiben. *Frage:* *„Wie fragen wir nach, wenn wir den Namen nicht richtig verstanden haben?"* Tipps sammeln und am Flipchart mitschreiben.
5'	**Unsere Meldung bei weiterverbundenen Gesprächen:** *Frage:* *„Wie meldet ihr euch bei weiterverbundenen Gesprächen, die schon jemand anders im Haus angenommen hat und wie startet ihr in das Gespräch mit dem Gast?"* Antworten sammeln und evtl. ergänzen: ▶ Name des Hauses oder Abteilung (z. B. Reservierung oder Restaurant …), eigener Name.

Minuten	Inhalt, Methode und Hilfsmittel
	Frage:
	„Welche Informationen gebt ihr an Kollegen weiter, wenn ihr ein Gespräch verbindet?"
	Antworten sammeln und ergänzen:
	▶ Name des Gesprächspartners, Stichworte zu seinem Wunsch oder Anliegen.
	Erklärung:
	„Wichtig ist dafür, dass wir den Namen des Anrufers und die wichtigsten Punkte seines Anliegens immer sofort notieren."
7'	*Frage:*
	„Wie können Gesprächseinstiege in weiterverbundene Gespräche aussehen, wenn ihr diese Informationen immer zuverlässig habt?"
	Beispiele sammeln und gute Formulierungen auf dem Flipchart mitschreiben.
9'	**Unser Gesprächsabschluss:**
	Frage:
	„Wie schließt ihr Telefongespräche ab?!
	Antworten sammeln und evtl. ergänzen:
	▶ Gesprächsergebnis zusammen fassen, Anrufer mit Namen ansprechen und verabschieden – mit einem guten Wunsch für den Tag.
	Gute Formulierungen auf dem Flipchart ergänzen.
10'	**Zusammenfassen und vereinbaren:**
	„Wir haben jetzt viele Formulierungsbeispiele gesammelt."
	▶ Einmal im Zusammenhang nennen.
	„Ich hänge die Flipcharts im Büro aus. Probiert bitte aus, mit welcher Wortwahl jeder am besten zurecht kommt, und wechselt immer mal wieder ab. Zeigt, dass wir Profis sind, die persönlich und gut telefonieren können!
	Das prüfen wir nach zwei Wochen mit einem kleinen Check unter Kollegen.
	Herzlichen Dank!"

Traditionell von oben herab?

Keine Belehrungen sondern Empfehlungen und Beratung

Ein junges Paar beschließt Anfang September kurz entschlossen das Wochenende in einem Hotel in Nordwald zu verbringen, in dem die Eltern immer waren. Der Montag soll angehängt werden, sodass es ein netter Kurzurlaub wird. Vielleicht sogar mit Massagen, Mountainbike-Touren, Wanderungen... Das Wetter soll ja toll werden. Ein Anruf im Hotel wirkt ernüchternd.

Aus Sicht der Hotelmitarbeiterin

Unser Haus ist ein Drei-Sterne-Traditionshaus mit Schwimmbad, Massagepraxis in der Nachbarschaft und bekannt durch die vom Chef geführten Wanderungen. Viele Stammgäste sind treu, der Altersschnitt hoch und im September, Oktober ist bei uns absolute Hochsaison. Da ist spontan gar nichts mehr zu bekommen. Deshalb antworte ich der Anruferin ehrlich: „Aber gnädige Frau, wissen Sie denn nicht, welchen Monat wir haben? – Im September und Oktober sind wir komplett ausgebucht, da könnten wir 30 Zimmer mehr vermieten als wir haben. Da müssen Sie sich im November wieder melden ...“

Kommunizieren Sie auf gleicher Augenhöhe! Belehrungen sowie Empfehlungen und Ratschläge von oben herab haben in der aktuellen Servicekultur keinen Platz mehr. Stattdessen gilt: Alles kann sein! Rotwein zum Fisch, Weißwein zum Wild, Reis mit Sauce als Hauptgericht, Junge mit (jungen) Alten, Anfragen zu jeder Zeit, Antworten sofort! Wer das als Dienstleister einmal akzeptiert hat, kann problemlos damit spielen.

Das erfordert eine besondere Kommunikation als Ansprech-PARTNER:

- ► Ein Bedauern, wenn ein Wunsch nicht erfüllt werden kann: „Ich würde Sie gerne hier begrüßen! Nun sind wir im September und Oktober komplett ausgebucht, und das schon lange. Würden Sie auch im November kommen wollen?"
- ► Ich-Botschaften: „Mir persönlich schmeckt ein Weißherbst besonders gut zum Hirschgulasch!"
- ► „Stellvertreter-Argumente" aus Sicht anderer Gäste: „Viele unserer Gäste trinken besonders gern das dunkle Bier zu den Pilzen."
- ► Verzicht auf jegliche Arroganz und auf Formulierungen, die den Gastgeber über den Gast stellen.

Kurz-Check „Telefon"

Wiedererkennbare Visitenkarten

	Checkpunkt	Erfüllt ✓	Nicht erfüllt	Maßnahme
1	Wir nehmen jeden Anruf spätestens vor dem vierten Läuten an.	☐	☐	
2	Unsere Meldung beinhaltet Hausnamen, Gruß und eigenen Namen.	☐	☐	
3	Die Meldung ist kompakt und dynamisch (≠ monoton/im Singsang).	☐	☐	
4	Wir begrüßen den Anrufer noch einmal mit Namen.	☐	☐	
5	Gesprächseinstieg mit „Was kann ich für Sie tun?" o.ä.	☐	☐	
6	Der Anrufer kann das Lächeln in unserer Stimme hören.	☐	☐	
7	Der Ton ist partnerschaftlich (≠ von oben herab/übervorsichtig).	☐	☐	
8	Weiterverbinden: mit Namen und Anliegen des Anrufers.	☐	☐	
9	Annahme weiterverbundener Gespräche mit: Hausname/Abteilung, eigenem Namen, namentliche Begrüßung, Bemerkung zum Anliegen).	☐	☐	
10	Wir sprechen jeden Anrufer beim Abschluss mit Namen an.	☐	☐	
	Summe			
	Ergebnis in Prozent (Summe x 10)	☐	☐	

Das wollen wir verbessern:

....

....

....

Was denn nun?

Standards sind für jeden gültig

„Hast Du dafür Töne? Jetzt wollte ich per Mail in der Enoteca di Alba drei Stehtische für Christians Geburtstag reservieren und habe eine Absage bekommen. Man nehme keine Veranstaltungsbuchungen für freitags an. Christian, der das nicht wusste, hat parallel dort angerufen und problemlos die Reservierung für 15 Personen bekommen. Da komme ich mir doch blöd vor!"

Aus der Sicht von Attilio, einem der beiden Geschäftsführer
Mein Bruder Mario und ich haben gemeinsam eine Enoteca aufge-
macht. Wir sind schon in Deutschland geboren, aber ich bin eher der
typische italienische Wirt, kontaktfreudig und offen. Mario versteht
sich dafür besser auf Küche, Keller und Kalkulationen. Er macht auch
den Einkauf und sitzt häufig am PC. Das aufwändige Getue um die Gäs-
te ist ihm manchmal zu viel. Reservierungen sieht er als nicht sinnvoll
an, denn da muss man andere Gäste nach Hause schicken, obwohl
noch Plätze frei sind. Ich sehe das anders und habe eine Anfrage ange-
nommen, die Mario vorher abgesagt hatte.

Sprechen Sie mit einer Zunge! Treten Sie gegenüber Gästen mit den selben schlüssigen Zusagen und Leistungsversprechen auf – in Bezug auf Öffnungszeiten, Veranstaltungsangebote, Preise, Sonderangebote etc. Wenn Gäste merken, dass sie Ansprechpartner in Ihrem Haus gegeneinander ausspielen können, tun sie das sofort und mit Lust und Laune. Was bei einem geht, wollen sie beim anderen auch haben. Jetzt ist ihr sportlicher Ehrgeiz geweckt, vor allem, wenn sie in Gruppen auftreten. Der Mitarbeiter, der nun eine engere Regelung durchsetzen will, hat bei der Antwort „Bei Ihrem Kollegen geht das aber!" kaum eine Chance. Wer seinem Gast auch den Rest eines gemixten Cocktails als Zugabe ausschenkt, weckt die Begehrlichkeit für das nächste Mal. Denn selbst wenn er glaubwürdig argumentiert, bleibt beim Gast ein Ärgernis zurück – und er selbst ist auch frustriert: „Reicht man den kleinen Finger, wollen die den ganzen Arm!"

Das bedeutet für Ihre Praxis:

▶ Vereinbaren Sie Standards für kritische Leistungen: für den Zeitpunkt der letzten Bestellung an der Bar oder im Restaurant, für die Berechnung von Telefon- oder W-LAN-Gebühren an Tagungsgäste, für Reservierungs- und Stornofristen, für Portionsgrößen etc.
▶ Sorgen Sie dafür, dass jeder die Standards kennt, der sie braucht – auch neue Mitarbeiter!
▶ Stellen Sie sicher, dass die Standards umgesetzt werden, sonst verwässern sie.

Anspruch und Wirklichkeit

Nicht mehr wollen, als Sie leisten können

„Auf das Abendessen freu ich mich, das soll ja ein richtig gutes Restaurant sein", freut sich der Kunde, als er auf Einladung seines Lieferanten dorthin fährt. Man trifft sich auf dem Parkplatz („Hm, etwas dunkel hier, und am Leuchtschild sind zwei Buchstaben defekt"), betritt das Restaurant gemeinsam und wartet hinter dem Eingang an dem Möbel mit dem Schild: „Bitte warten Sie hier, wir platzieren Sie gerne." Doch da ist niemand.

Dem Gastgeber, der eingeladen und das Lokal ausgewählt hat, ist das bereits peinlich. Beide legen schon mal eigenständig ihre Garderobe ab und hängen sie neben dem Schild „Für Garderobe wird nicht gehaftet" auf. Sie warten weiter – mit schweifendem Blick, der auf benutzte Putzlappen auf der Kaffeemaschine und den Senfeimer zum Putzen fällt, bis die Servicemitarbeiterin angehetzt kommt und – noch im Laufen – fragt: „Haben Sie reserviert? Ihr Name?". Der Gastgeber beantwortet beides freundlich und gelassen, entschuldigt sich mimisch bei seinem Gast, und beide folgen der Bedienung zum Tisch.

Aus Sicht der Mitarbeiterin

Heute bin ich Platziererin und Runner für Getränke. Da laufe ich wie ein Hase. Meine Kollegin kommt später, und der Chef betreut eine Gruppe von VIP's. Die Gäste eben waren nicht glücklich, dass sie warten mussten. Als ob ich ihre Grimassen nicht gesehen hätte. Doch ich kann es nun mal nicht ändern.

Setzen Sie nur Standards, die Sie bewältigen können. Manch eine Vorgabe braucht Mitarbeiterkraft, die sich auch im Dienstplan wiederfinden muss – und zwar immer und zuverlässig. Sonst ist es besser, das Qualitätsniveau etwas niedriger anzusiedeln und z. B. auf das Platzieren zu verzichten (Tische für große Gruppen oder besondere Gäste können auch mit Reserviert-Schildern freigehalten und dann persönlich freigegeben werden).

Machen Sie mindestens einmal wöchentlich einen Außencheck. Prüfen Sie, wie ankommende Gäste Ihr Haus erleben. Hält das, was Sie sehen und erleben, Ihren Anforderungen stand? Siehe Kurz-Check „Erstkontakt" Seite 21.

Was gestern noch gut war, ist es heute vielleicht nicht mehr:
- ▶ Schauen Sie auf den Eindruck, den Ihr Haus auf Passanten macht.
- ▶ Prüfen Sie, wie Ihre Gäste Ihre Qualitätsstandards erleben.
- ▶ **Leisten Sie immer etwas mehr, als Sie versprechen** – das überrascht positiv.
- ▶ Vermeiden Sie Minderleistungen, die verärgern prompt und heftig.

Speisekarte auf der Schürze

Ihre Kleidung verrät Sie

PRAXISBEISPIEL

In einem Industriegebiet hat sich ein Selbstbedienungsrestaurant etabliert, in dem das Personal der umliegenden Firmen morgens zum Frühstück und mittags zum Essen kommt. Es läuft gut, was sicher am frischen, abwechslungsreichen und preiswerten Angebot liegt. Die Firmen können auch ein Abonnement kaufen, mit dem sie die Mitarbeiterverpflegung bezuschussen. Daran ist ein Personalleiter eines Nachbarbetriebs interessiert und kommt wie mit dem Küchenchef vereinbart um zehn Uhr ins Restaurant. Der Chefkoch stürmt schwungvoll direkt aus der Küche, ist verschwitzt und hat eine offene Jacke, eine fleckige Schürze und keine Mütze auf. „Na, der hat die Speisekarte ja schon auf der Kleidung und das, obwohl er weiß, dass ich komme. Ob die hier wirklich so gut sind?", denkt der Personalleiter und sieht seinem Vorhaben eher skeptisch entgegen.

Aus Sicht des Küchenchefs

Bis elf Uhr ist noch genug zu tun, aber ein neuer Kunde wäre natürlich nicht schlecht. Mal sehen, was das Gespräch so bringt. Ich werde vor allem auf unsere Professionalität und Qualität eingehen. Bei uns ist alles frisch trotz der Mengen, die wir täglich zubereiten. Meine Kollegin in der Kalten Küche hat gerade gemeint, ich solle eine neue Schürze anziehen, aber ich trage meine Schürze bis elf Uhr immer auf links, dann drehe ich sie um, ehe der Verkauf beginnt. Denn Wäsche kostet Geld."

Kleider machen Leute! Prüfen Sie mit den Augen Ihres Kunden oder Gastes, wie Sie und Ihr Team wirken? Was wollen Sie vermitteln, was sagt und zeigt Ihr Auftritt? Unterscheiden Sie zwischen Mitarbeit am Herd und repräsentativen Pflichten – und die umfassen alle Situationen, in denen Sie mit Außenstehenden in Kontakt kommen, auch wenn Sie nur eben durch Flure oder das Restaurant laufen. Denn: Solche Eindrücke prägen! Betrachten Sie Situationen mit den Augen des Gastes und nicht aus ihrer praktischen Innensicht.

SERVICE-TIPP

Ihr Auftritt wirkt tagtäglich an Ihrem Qualitätseindruck mit:
- ▶ Sorgen Sie für ein gepflegtes und sauberes Erscheinungsbild.
- ▶ Ihre Arbeitskleidung (mit der sichtbaren persönlichen Kleidung darunter), Frisur und Bart, die lackierten oder künstlichen Fingernägel, Make-up und Schmuck – für all das gibt es professionelle Standards in der Branche, die Ihre Gäste zunehmend kennen. Formulieren, trainieren und verwirklichen Sie diese Standards als Aushängeschild Ihrer Leistung – vor allem an hygienesensiblen Arbeitsplätzen.
- ▶ Prüfen Sie, ob Kleidung und Funktion zueinander passen. In der Küche kann die Schürze sicher nicht sauber bleiben. Doch sobald Sie in den Gastbereich oder gar in einen vereinbarten Termin gehen, müssen Sie sich umziehen und komplette, professionelle Kleidung tragen (in Sanitärbereichen, beim Rauchen oder beim Essen die Schürze immer ablegen!). Tragen Sie ein Namensschild, das signalisiert Ansprechbarkeit!

31

Kurz-Check „Standards"

Klare Orientierung für alle

	Checkpunkt	Erfüllt ✓	Nicht erfüllt	Maßnahme
1	Standards für die Annahme von Reservierungen sind einheitlich.	☐	☐	....
2	Standards für Stornofristen sind schriftlich festgelegt und einheitlich.	☐	☐	....
3	Extras und Gebühren für unsere Gäste sind konkret festgelegt.	☐	☐	....
4	Fristen für Bestellungen für Küche und Theke sind klar.	☐	☐	....
5	Wir haben einen Standard für den fairen Umgang mit Trinkgeldern.	☐	☐	....
6	Sauberkeit und Aussehen der Kleidung im Gastkontakt sind definiert.	☐	☐	....
7	Unsere Standards sind allen Mitarbeitern bekannt.	☐	☐	....
8	Diese Standards gelten für jeden Mitarbeiter in jedem Gastkontakt.	☐	☐	....
9	Wir haben nur Standards, die wir auch erfüllen können.	☐	☐	....
10	Unser Chef prüft die Einhaltung der Standards regelmäßig.	☐	☐	....
	Summe			....
	Ergebnis in Prozent (Summe x 10)	☐	☐	....

Das wollen wir verbessern:

....

....

....

....

....

Großzügig bei Kleinigkeiten

Die positive Überraschung

Zwei Geschäftsfrauen reisen zu einem Vormittagstermin in eine Groß-stadt. Dank Navigationsgerät und freier Autobahnen sind sie eine Stun-de zu früh an der richtigen Adresse und haben auch einen guten Park-platz gefunden. Eine der beiden hätte gerne noch eine Tasse Kaffee, die andere würde vor dem Termin lieber noch die Toilette aufsuchen. Die Blicke schweifen, aber Coffee Shops oder ein klassisches Café sind nicht in Sicht. An der Ecke ist eine richtige Fußball-Einraumkneipe. Die zwei zucken die Schultern und treten ein. Der befürchtete kalte Dunst aus Alkohol und Männerfreude über das gestern gewonnene Spiel der Lokalmatadoren bleibt aus. Es ist angenehm gelüftet, und eine freund-liche Frau begrüßt sie, als sie von ihrer Putzarbeit hinter der Theke aufschaut: „Kann ich Ihnen helfen? Suchen Sie etwas?" Die Toilette ist schnell gezeigt, und zwei Espressi werden gerade fertig, als die Frau-en wieder zur Theke kommen. Sie bestellen noch Mineralwasser dazu, ziehen die Präsentation aus der Tasche, die sie gleich halten wollen, und schauen sie noch einmal durch. Ein zweiter Espresso und ein Latte Macchiato folgen und sind lecker.

Kurz darauf wollen die Damen zu ihrem Termin aufbrechen und zah-len: „3,80 €!" Das kann doch nicht sein – doch es kann: „Die Espres-si gehen auf's Haus, Sie mussten heute schon so früh aufstehen. Ich freu mich, wenn Sie heute Erfolg haben!" Ein toller Start in den Tag, mit toller Stimmung in den Termin, mit tollem Ergebnis wieder hinaus! Schnell noch einmal die Nase ins Lokal gesteckt: Das muss die nette Wirtin doch erfahren!

Aus Sicht der Wirtin

Ich hatte eine lange Nacht mit den Fußball-Fans. Aber dafür habe ich das Satelliten-Abonnement ja auch gekauft. Heute Abend geht es gleich mit der Champions League weiter. Deshalb mache ich lieber früh am Tag sauber. Die beiden Frauen haben etwas Abwechslung in meinen Morgen gebracht. Die waren wirklich nett und hätten die Toilette auch umsonst benutzen können. Den Espresso habe ich ihnen gern ausgegeben. Wenn ich ehrlich bin, kostet der mich auch so gut wie nichts. Und dass die mir noch Bescheid gegeben haben, dass sie den Auftrag bekommen, hatte ich nicht erwartet. Das hat mich ehrlich gefreut!"

Kleine Geschenke erhalten die Freundschaft! Der Kaffee, das Glas Pro-secco oder der Digestif, der Gruß aus der Küche auch vor einem klei-nen Essen, die Probierportion von einem neuen Gericht, einem selbst importierten Schinken oder einem neu kreierten Cocktail, ein Ermäßi-

gungsgutschein für Übernachtung oder Wellness – setzen Sie die Liste beliebig fort (siehe auch Kapitel 5 Bindung Seite 137).

Dezent anfüttern, heißt die Devise. Probierportionen sind ein beliebtes Mittel der Verkaufsförderung – das funktioniert auch in Gastronomie und Hotellerie! Wenn das Probierte schmeckt, wird auch das Kostenpflichtige gerne bestellt.

Wichtig ist:

► Inszenieren Sie die Übergabe gut, aber ohne Übertreibung: Mit einem freundlichen, manchmal auch etwas verschmitzten Blickkontakt, wenn Sie sich über die gelungene Überraschung freuen.
► Nicht einfach mal so eben abstellen – dann verschenken Sie die Wirkung Ihres Geschenks und irritieren vielleicht sogar Ihre Gäste.
► Deshalb: Immer vorher mit den Mitarbeitern durchsprechen und die Botschaft klar machen.

Man muss Menschen mögen!

Roland Mack, geschäftsführender Gesellschafter des Europa-Park Rust

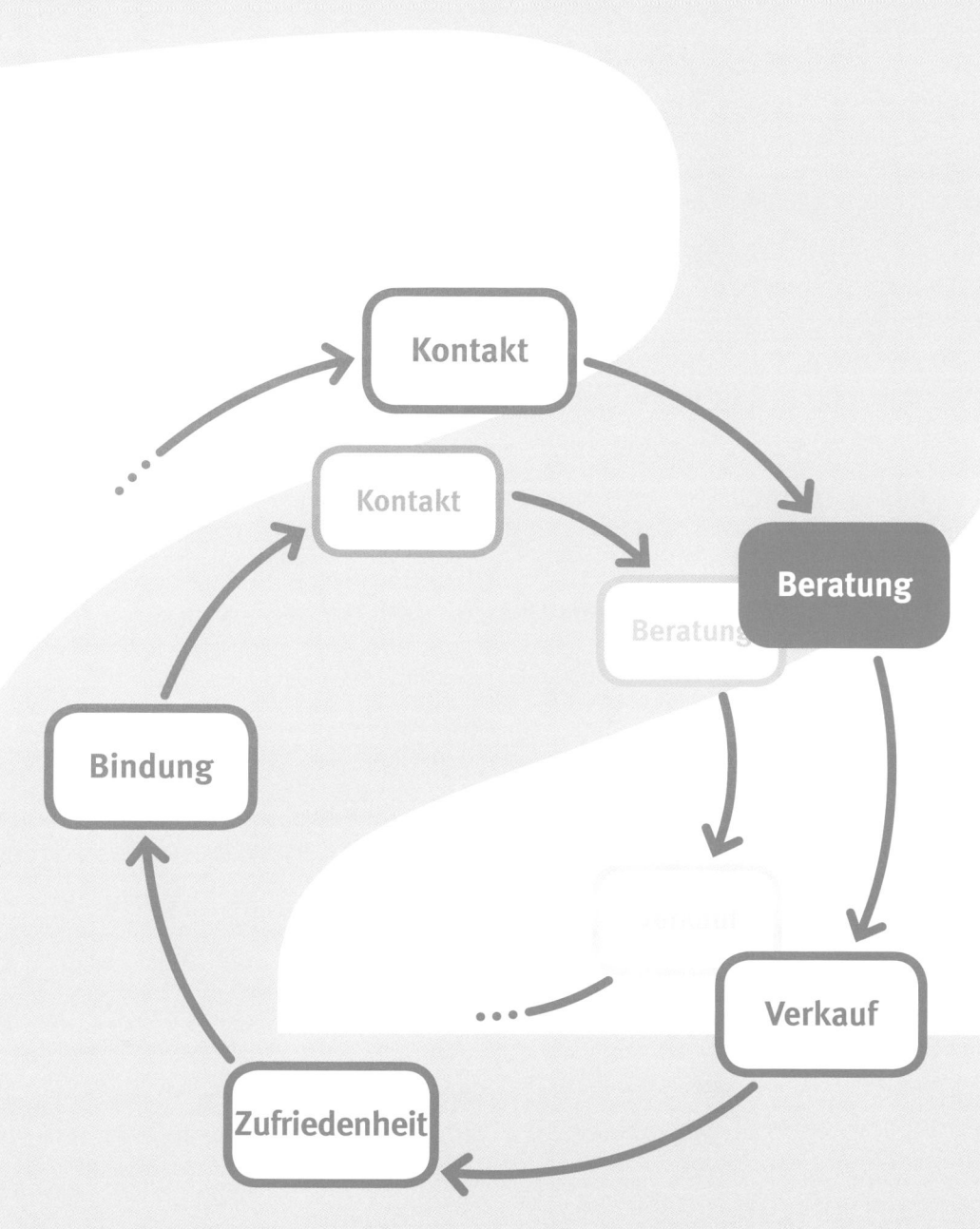

BERATUNG

In der Beratung begegnen sich Gastwunsch und Angebot. Ob und wie sie zueinander finden, entscheidet vor allem das Können des Gastgebers.

- ▶ Kann er die Wünsche des Gastes wirklich erkennen – oder glaubt er nur zu wissen, was der Gast will?

- ▶ Hört er dem Gast wirklich zu – oder erwartet er, dass der das Übliche sagt?

- ▶ Kann er auch zwischen den Zeilen lesen – oder interessieren ihn solche Feinheiten im Grunde gar nicht?

- ▶ „Spult" er sein Angebot schlicht herunter – oder kann er es so beschreiben, dass es genau auf den Gastwunsch passt oder vielleicht sogar eine bessere Alternative ist?

- ▶ Kann er sich bei unentschlossenen Gästen an ihre Wünsche heranfragen und steht er ihnen bei ihrer Entscheidung mit Rat und Tat zur Seite?

Gute Berater kennen den Gastwunsch zum Gesprächsabschluss genauso gut wie ihr eigenes Angebot. Sie nähern sich mit ihren Fragen den Vorlieben, Wünschen, Bedingungen und Möglichkeiten, bevor sie eine Empfehlung abgeben. Sie sind der Fachmann oder die Fachfrau – die Experten, denen sich ihr Gast gerne anvertraut, wenn er sich nicht auskennt, wenn er sich nicht entscheiden kann oder wenn er einfach ein nettes, kleines Gespräch führen will, das sich um seine Wünsche und Möglichkeiten dreht. Es ist vielen Gästen ein Bedürfnis, dass ihre Berater dafür Zeit haben.

Darum gilt in der Beratung:

- ▶ **Fragen und zuhören**
  Herausfinden, was der Gast möchte, ohne sofort das eigene Angebot als „Begrenzung" im Kopf zu haben.

- ▶ **Mitdenken und Auswahlmöglichkeiten anbieten**
  Häufig gibt es mehrere Antworten auf eine Frage oder einen Wunsch. Die Route: Herausfinden, welche Möglichkeit die richtige ist.

- ▶ **Entscheidung herbeiführen**
  Den Gast am eigenen Können und Wissen teilhaben lassen und gemeinsam mit ihm die Vor- und Nachteile abwägen. Die abschließende Entscheidungsfrage öffnet dann mit hoher Wahrscheinlichkeit die Tür zum Verkauf.

Der spricht nicht mit mir

Mündliche Beratung ergänzt die Menükarte

Der Verkaufsberater hat Hunger! Das Frühstück fiel heute aus, und er ist froh, in dieser fremden Stadt ein Mittagsangebot in einem interessant aussehenden Lokal gefunden zu haben. Erleichert nimmt er Platz und studiert die Speisekarte. Das Angebot ist vielfältig und es gibt einiges, das ihm heute schmecken könnte. Außerdem ist ihm nach einem kleinen Plausch. Also wendet er sich an die Bedienung und fragt: „Was können Sie mir denn empfehlen?" Die ernüchternde Antwort kommt prompt: „Ich weiß ja nicht, was Ihnen schmeckt!"

Zum Hintergrund des Mitarbeiters

Das Lokal am Marktplatz ist ein beliebter Treffpunkt mit einem gut laufenden Mittagsgeschäft. Abends ist es ein Szenetreff. Die Mitarbeiter arbeiten in zwei Schichten und unterschiedlich gerne zu den verschiedenen Geschäftszeiten. Danach werden sie in der Regel auch eingesetzt, Urlaube oder Krankheit können die gewohnten Zeiten aber verändern.
„Heute habe ich Frühschicht, sonst bin ich immer abends, bis in die Nacht hier. Das Publikum ist mir da lieber, es ist jünger und mehr an Musik und Stimmung interessiert als am Essen. Meine Kollegen schwärmen zwar immer vom besseren Trinkgeld am Tag, aber das kann ich nicht bestätigen."

Sprechen Sie mit Ihren Gästen! Stellen Sie sich auf den Einzelnen ein. Jeder bringt unterschiedliche Erwartungen mit und sendet Ihnen Signale für das, was Sie für ihn tun können. Machen Sie sich klar, dass Ihr Angebot mehr umfasst als gutes Essen und Trinken. Sie bieten auch Pause und Entspannung und menschlichen Austausch. Für den einen heißt das ein kleines Gespräch und für den anderen Ruhe – er möchte zurückhaltend umsorgt werden.

Für die Praxis bedeutet das:
- ▶ Den Gast und seine Signale deuten: Sieht er sich offen und interessiert um, oder verschanzt er sich hinter der Karte oder einer Zeitung?
- ▶ Dem Gast zuhören und auf seine Wortwahl achten: Fragt und antwortet er so kurz wie möglich, oder stellt er tiefer gehende Fragen und beginnt ein kleines Gespräch?
- ▶ Auf den Gast eingehen und seine Wünsche neben der eigentlichen Bestellung respektieren und erfüllen.

Das weiß ich nicht

Wer sein Angebot gut kennt, kann dafür werben

Ein Gast möchte zu Abend essen. Er ist auf die Empfehlung eines Freundes in den Gasthof gekommen, der besonders für seine Fleischgerichte bekannt ist. Jetzt, in der Osterzeit, steht ihm der Sinn nach Lamm. Er lässt die Menükarte ungeöffnet liegen und fragt die Kellnerin, welche Lammgerichte die Küche denn anbiete. Sie antwortet zögerlich, dass die Gerichte wöchentlich wechseln und ganz verschiedene Varianten in der Karte stehen. Nach einigen für den Gast unbefriedigenden Ausweichmanövern schaut er in die Karte und bestellt resigniert ein Gericht, obwohl ihm die Beilage nicht gefällt. Aber für die Frage nach einem anderen Gemüse fehlt ihm der Elan.

Aus Sicht der Mitarbeiterin
Heute ist mein erster Arbeitstag nach den Osterfeiertagen und nur einem freien Tag. Ich war vorhin ein bisschen spät dran und konnte mich noch nicht so richtig mit dem Angebot dieser Woche beschäftigen. Aber eigentlich macht das auch nichts, denn die Gäste lesen ja eh die Karte und dann kann ich ihnen bei der Bestellung über die Schulter schauen. Bis auf den Gast vorhin, der wollte alles von mir aufgezählt haben, aber dafür gibt es ja schließlich die Karte."

Kennen Sie Ihr Angebot! Machen Sie sich mit den angebotenen Speisen und Getränken vertraut, unabhängig davon, wo Sie arbeiten: ob im Restaurant, im Bistro, im Selbstbedienungsrestaurant oder im Imbiss beim Bäcker/Metzger: Nur was Sie kennen, können Sie auch verkaufen. Nur wenn Sie sich auskennen, können Sie empfehlen und sicher reagieren, wenn der Gast eine andere Variante möchte, die sich vielleicht auch auf den Preis auswirkt.

Deshalb gilt, auch wenn die Zeit knapp ist:
- ▶ Lernen Sie Gerichte, Getränke und Preise mit den jeweiligen Angebotszeiten auswendig, damit Sie schnell und sicher auf Fragen antworten können.
- ▶ Informieren Sie sich in der Küche über Änderungen und ausgegangene Gerichte und geben Sie die Informationen an Ihre Kollegen weiter.
- ▶ Machen Sie täglich vor Schichtbeginn eine kurze Servicebesprechung, an der alle Kollegen aus dem Service sowie der Küchenchef teilnehmen.

Kurz-Check „Servicebriefing"

Heute haben wir auf der Karte ...

	Checkpunkt	Erfüllt ✓	Nicht erfüllt	Maßnahme
1	Speise-/Getränkekarten, Aushänge und Angebotstafeln sind aktuell.	☐	☐	....
2	Der Küchenchef weist die Mitarbeiter täglich vor Servicebeginn ein.	☐	☐	....
3	Alle im Service kennen die Karte/sprechen Gerichte richtig aus.	☐	☐	....
4	Jeder weiß, welche Gerichte wie schmecken.	☐	☐	....
5	Jeder kennt die Hauptzutaten und kann sie erklären.	☐	☐	....
6	Bekannt: Menge, Anrichteweise und richtiges Geschirr/Besteck.	☐	☐	....
7	Jeder kennt Kombinationsmöglichkeiten für interessante Menüs.	☐	☐	....
8	Alle können Getränke, vor allem Wein, dazu empfehlen.	☐	☐	....
9	Sie wissen, wo kennzeichnungspflichtige Zusatzstoffe enthalten sind.	☐	☐	....
10	Sie können die Speisen bei Bedarf tranchieren und vorlegen.	☐	☐	....
	Summe			....
	Ergebnis in Prozent (Summe x 10)	☐	☐	....

Das wollen wir verbessern:

....

....

....

....

Lass mich doch in Ruhe!

Persönliche Ansprache gehört zum Beruf

Ein kleines Hotel in einem Feriengebiet: Eine Familie reist an und freut sich, nach der langen Autofahrt endlich am Ziel zu sein. Die Mutter wendet sich an den Empfangsmitarbeiter und macht einige Bemerkungen über Staus und Hitze auf der Autobahn. Der Mitarbeiter grüßt verhalten, schaut dabei in seinen Reservierungsplan und wartet ab. Die Frau reagiert verunsichert auf dieses passive Verhalten, nennt ihren Namen und verweist auf ihre Reservierung. Der Mitarbeiter nickt seinem Reservierungsplan zu, übergibt einen Schlüssel und murmelt eher undeutlich: „Zweite Etage, linke Seite."

Der angehende Hotelfachmann

Ich mache eine Ausbildung zum Hotelfachmann und möchte später im Controlling einer größeren Hotelkette arbeiten. Jetzt durchlaufe ich gerade Rezeption und Reservierung und fühle mich manchmal ganz schön unwohl. Mein Chef meint, ich müsse die Gäste begrüßen und, wenn ich ihren Namen weiß, im Reservierungsplan prüfen, welches Zimmer für sie reserviert ist. Dann den Schlüssel übergeben und das ist alles. Wenn es so wäre, wäre alles prima, aber viele wollen auch noch über ihre Erlebnisse auf der Anreise reden. Ich weiß dann gar nicht, was ich sagen soll. Dann schaue ich sie möglichst wenig an, damit ich sie nicht noch zum weiteren Gespräch ermuntere.

Wirken Sie als persönliches Aushängeschild für Ihr Haus. Nichts ist so überzeugend wie der persönliche Eindruck, den ein Mensch vermittelt. Sie sind der Gastgeber, zeigen Sie das! Begrüßen Sie den Gast offen und freundlich, fragen Sie ihn nach seiner Anreise, führen Sie ein kurzes Gespräch mit ihm und gehen Sie auf die Themen Ihres Gastes ein. Klären Sie dann die organisatorischen Details und schließen Sie mit einem persönlichen Wunsch.

Für Ihren Arbeitsalltag heißt das:

▶ Sprechen Sie erst Persönliches an, dann Sachliches und dann wieder Persönliches.

▶ Seien Sie sicher in den Abläufen, aber: Vermitteln Sie in erster Linie, dass Sie persönlich Ihre Gäste willkommen heißen, statt dass die vorgegebenen Prozesse im Vordergrund stehen (sie sind wichtig, aber möglichst unauffällig im Hintergrund).

▶ Schauen Sie auf, sobald Gäste durch die Tür kommen. Nehmen Sie Blickkontakt auf, halten Sie ihn und grüßen Sie freundlich. Legen Sie sich dafür einige Einleitungssätze zurecht und üben Sie diese – das nimmt Ihnen die Unsicherheit.

▶ Helfen Sie Ihren Gästen, schnell und möglichst bequem in ihr Zimmer zu kommen.

Service für das Verlobungspaar

Lassen Sie Ihren Gästen ihre Privatsphäre

PRAXISBEISPIEL

Das verliebte Paar sitzt beim Candlelight-Dinner – der Anlass ist offensichtlich. Das festliche Outfit, ihr inniger Blickkontakt, das mitgebrachte Blumenbouquet und das kleine, fein eingepackte Päckchen auf dem Tisch verraten es: Hier wird Verlobung gefeiert.

Amuse-Gueule und Vorspeise sind vorbei, und immer wieder kommt der Kellner, schenkt Wein nach und fragt, ob alles in Ordnung sei. Der junge Mann bietet freundlich an, den Nachschank jetzt selbst zu übernehmen, denn er möchte mit seiner Freundin etwas ungestörter sein. Fehlanzeige. Gerade hat er das Päckchen überreicht und sie damit tatsächlich verlegen gemacht, erscheint der Restaurantleiter und fragt, ob man mit dem Hauptgang noch etwas warten solle ...

Aus der Sicht des Restaurant-Teams

Das ist ja ein süßes Paar an Tisch 16. Wie die sich anhimmeln! Da möchte man gar nicht mehr wegschauen!

Doch, schauen Sie weg oder nur dezent hin. Lassen Sie Gästen ihre angemessene Privatsphäre. Diese mag unterschiedlich ausgeprägt sein bei unterschiedlichen Typen – aber ganz sicher gibt es Situationen, in denen Ihre aktive Betreuung nicht gefragt ist, wie z. B. im Fall des Verlobungspaares.

SERVICE-TIPP

Unterbrechen Sie möglichst wenig. Das gilt auch bei der Seminar- oder Ausflugsgruppe, die sich angeregt unterhält. Sie ist bestimmt nicht glücklich, wenn der Service dauernd ankommt und ruft: „Wer hatte Steinpilze mit Semmelknödeln?".

Da gibt es cleverere Gedankenstützen, sich Bestellungen zu merken, als die mündliche Klärung, die immer Gastgespräche unterbricht: Beispielsweise ...

▸ den skizzierten Sitzplan auf dem Bestellblock (gerne auch vorgedruckt) mit Nummern, die auch vor der jeweiligen Bestellung stehen,

▸ bei Tagungen die farbigen Chips neben den Tellern (auch wenn einige Teilnehmer sie immer vergessen – die übrigen können Sie schon mal zuordnen).

Langweilige Routine

Anregende Beschreibungen machen den Alltag interessant

Ein Pärchen besucht Freunde in einer ihm fremden Gegend. Untergebracht ist es in einem kleinen Hotel, das vom Vereinsleben im Ort, aber auch von den Touristen aus dem nahe gelegenen Erholungsgebiet lebt. Da die Freunde heute Abend einen anderen Termin haben, will das Paar im Hotel essen.

Auf der Tafel „Heute für Sie!" stehen zwei Gerichte, die wohl regional typisch sind und die sie neugierig machen. Darum fragen sie vor ihrer Bestellung , was sie sich darunter vorstellen können. Die Antwort ist eine eher gelangweilte Beschreibung, viel zu schnell und monoton heruntergeleiert. Am Ende entscheidet sich das Paar für ein Schnitzel Wiener Art und ein Schweinerückensteak – das kennt man.

Der genervte Servicemitarbeiter

Ich arbeite seit einigen Jahren im Landhaus Fischerhütte in der Gaststätte. Neben den Touristen gehen hier auch meine Freunde und Bekannten aus dem Dorf ein und aus und das macht den Job ganz erträglich. Die Touristen sind allerdings eher nervig, weil sie immer bespaßt werden wollen. Sie wollen alles, was sie nicht kennen, genau erklärt bekommen und nehmen am Ende doch das Altbekannte. Warum sollte ich mir da große Mühe geben mit den Erklärungen? Das ist für mich bloß langweilige Routine.

Setzen Sie Ihr Angebot in Szene. Legen Sie es auf den „Präsentierteller", beschreiben Sie es anregend und schmackhaft, lassen Sie Ihren Gästen durch Ihre Worte das „Wasser im Mund zusammenlaufen". Zählen Sie die Bestandteile des Gerichtes nicht auf wie eine Einkaufsliste, sondern malen Sie ein Bild mit Eigenschaften. Das macht Spaß, vor allem wenn Sie Erfolg damit haben.

Für die Anwendung in der Praxis heißt das:

▶ Finden Sie zutreffende, bildhafte Formulierungen mit attraktiven Eigenschaftswörtern für die Bestandteile Ihrer Speisen.

▶ Testen Sie die Formulierungen mit Kollegen und Unbeteiligten, damit Sie die Wirkung einschätzen können.

▶ Machen Sie einen sportlichen Wettkampf daraus, wer die meisten, den Gästen unbekannte Gerichte verkauft. Das hängt maßgeblich von Ihrer Wortgewandtheit und Begeisterungsfähigkeit ab.

„Pro-Aktiver Service"

Dem Gastwunsch zuvorkommen

Minuten	Inhalt, Methode und Hilfsmittel
0'	**Einstieg** „Heute geht es um unsere Fähigkeit, Gastwünschen zuvorzukommen – also um die Kunst, auf Wünsche einzugehen, bevor der Gast sie laut sagt. Dazu müssen wir nicht hellsehen können, sondern aufmerksam beobachten und aktiv werden. Das sichert nicht nur einen guten Service für unsere Gäste, es bringt auch frischen Wind in unsere Routine und verhindert Langeweile." *Mitarbeitergruppe in zwei bis drei kleinere Gruppen teilen (je nachdem, wie viele Sie sind) und die Gruppen einzelne Fragestellungen bearbeiten lassen.* **Was will der Gast?** *Frage:* *„Was will ein Gast von uns:* (z. B.:) *– bei der Anreise im Hotel,* (Gruppe 1) *– wenn er unser Restaurant betritt,* *– wenn er zahlen will,* (Gruppe 2) *– wenn er die Karte studiert,* *– wenn er seine Bestellung aufgibt?"* (Gruppe 3)
5'	*Antworten sammeln und evtl. ergänzen:* ▶ eine nette Begrüßung, ein kleines Gespräch, das Gefühl, willkommen zu sein, Informationen zu seinem Zimmer, möglichst schnell und bequem in sein Zimmer gelangen ... ▶ einen Gruß, einen kompetenten Ansprechpartner, einen schönen Tisch/die korrekte Rechnung, nicht warten ... ▶ seine Ruhe (oder ein kleines Gespräch), Antworten auf seine Fragen zum Angebot, Empfehlungen, Änderungen von Beilagen, besondere Wünsche für die Zubereitung ...
7'	**Wie kommen wir Gastwünschen zuvor?** *Frage:* *„Wenn wir das alles wissen, was können wir dann tun, um diesen Wünschen zuvorzukommen?"* Antworten sammeln und ergänzen, am Flipchart mitschreiben:

Minuten	Inhalt, Methode und Hilfsmittel
	Bei der Anreise ▶ Jeden Gast herzlich begrüßen, ein kleines Gespräch führen und ihm helfen, mit seinem Gepäck sein Zimmer zu erreichen. **Im Restaurant** ▶ Den Gast im Auge behalten, Signale für den nächsten Wunsch sehen (Wink, fragender Blick …). **Bei der Bestellung** ▶ Eine Frage stellen und hören, ob der Gast ausführlich oder nur kurz antwortet, zuhören, Empfehlungen geben, Gerichte interessant beschreiben …
10'	**Zusammenfassen und vereinbaren:** „Wir haben jetzt Beispiele dafür gesammelt, wie wir Gastwünschen zuvorkommen können. ▶ Einmal im Zusammenhang nennen. „Wir hängen das Flipchart im Office aus. Nutzt unsere Sammlung als Erinnerung daran, dass wir von uns aus auf den Gast zugehen wollen. Herzlichen Dank!"

**Behandle die Menschen so,
als wären sie,
was sie sein sollten,
und Du hilfst Ihnen zu werden,
was sie sein können.**

Johann Wolfgang von Goethe

Der Mensch ist, was er isst

Arrogant ist eine Service-Todsünde

Ein einzelner Gast im Bistro in einer fremden Gegend: Ein Mitarbeiter kommt mit wehender Schürze und einem Tablett vorbei und nickt. Der Gast sieht sich um, und sein Blick findet eine Tafel, auf der das Tagesangebot mit Kreide geschrieben steht. Manches kennt er nicht, er ist aber neugierig und beschließt zu fragen.

Nach einiger Wartezeit kommt der Mitarbeiter mit der Schürze zu ihm an den Tisch und fragt geschäftig nach seinen Wünschen. Der Gast weist auf die Tafel und stellt Fragen zum ersten Gericht, das er nicht kennt. Die Antwort kommt prompt und sicher, wenn auch etwas spöttisch. Er fragt weiter und erntet mit jeder neuen Frage einen überheblichen Blick und eine weitere ironisch gefärbte Antwort. Da er sich nicht gleich entscheiden kann, geht der Mitarbeiter erst einmal wieder und murmelt seinem Kollegen an der Theke etwas zu, worauf beide lachen. Der Gast hat den Eindruck, sie lachen über ihn.

Zum Hintergrund des Serviceteams

Das Bistro hat seit vier Monaten eine neue Leitung, die das Lokal gerne zum Szenetreffpunkt entwickeln möchte. Sie hat darum junge, gutaussehende Mitarbeiter eingestellt, die ein ähnliches Publikum anziehen sollen. Das vermittelt sie ihrem Team auch immer wieder mit den Worten: „Kümmert euch um die ‚hippen‘ Gäste, die übrigen sind ja sowieso da. Ihr werdet schnell merken, wer wozu gehört, zum einen am Aussehen und zum anderen an ihrer Bestellung, denn der Mensch ist, was er isst (und trinkt)“.

Grenzen Sie niemanden aus! Begegnen Sie jedem Gast unvoreingenommen, respektvoll und partnerschaftlich (nicht kumpelhaft). Sie sind als Gastronom auch der Profi des guten Umgangs mit Gästen. Zeigen Sie Ihre Professionalität, indem Sie mit unterschiedlichen Menschen und Typen freundlich, wohlwollend, gelassen und für den anderen angenehm umgehen. Gestalten Sie Szenen auf der Bühne Ihres Lokals und nehmen Sie Ihre Gäste mit in die tägliche „Vorstellung"!

Für die Praxis heißt das:

▶ Reden Sie mit Ihren Gästen auf „Augenhöhe". Treten Sie als Partner auf, weder von oben herab noch geduckt-dienstbeflissen.

▶ Formulieren Sie zuvorkommend wie „Ja, das erkläre ich Ihnen gerne". Nehmen Sie Unkenntnis gelassen entgegen – weder arrogant noch verbrüdernd verständnisvoll lächelnd nach dem Motto: „Das habe ich auch nicht gewusst, ehe ich anfing hier zu arbeiten".

▶ Beschreiben Sie Beschaffenheit oder Geschmack von Gerichten mit Vergleichen, die anschaulich und klar sind.

Wandelndes Lexikon

Beratungswissen maßschneidern

Eine Runde von drei Paaren sitzt im Steakhaus, das neu eröffnet wurde, und freut sich auf das gemeinsame Abendessen. Sie lesen die Tageskarte und überlegen halblaut, worauf sie Appetit haben. Als die Bedienung an den Tisch kommt und die Bestellung aufnehmen will, fragt einer nach der Rindfleischqualität.

Die Antwort ist ein Vortrag über Herkunft und Aufzucht der Tiere, die Rückverfolgbarkeit jedes Steaks bis zum Erzeuger, die Fleischreifung nach der Schlachtung, seine Niedrigtemperaturzubereitung, die Erfahrungen mit dieser Garmethode sowie der hervorragenden Bewertung durch eine renommierte Food-Zeitschrift. Die übrigen Gäste sind sprachlos und nehmen sicherheitshalber Abstand von weiteren Fragen, damit die Bestellung für sechs Personen nicht zu einer Vortragsreihe wird.

Die Restaurantleitung

Wir sind stolz auf unser Angebot. Wir haben gut geschulte Mitarbeiter, die sich mit den Produkten und den Qualitäten perfekt auskennen und darüber informieren wir unsere Gäste auch gerne. Persönliche Informationen sind doch viel glaubwürdiger als bedrucktes Papier, denn wie heißt es so schön: Papier ist geduldig.

Dosieren Sie Ihre Informationen richtig! Eine Frage zeigt Interesse, und es ist gut, wenn Sie sie klar beantworten. Je mehr Sie dazu wissen, desto eher kommen Sie in die „Gefahr", Ihr gesamtes Wissen auf einmal zu liefern. Erschlagen Sie Ihre Gäste nicht damit. Informieren Sie wohldosiert weiter, wenn Ihr Gast nachfragt oder in seiner Mimik ausdrückt, dass er mehr wissen will.

Im konkreten Fall heißt das:

- ▶ Eine kurze und prägnante Antwort reicht zunächst. Dann die Rückfrage: „Möchten Sie mehr zur Aufzucht der Tiere wissen?"
- ▶ Rückfragen steuern die Richtung: „Was genau interessiert Sie? Die Herkunft, die Aufzucht, die Verarbeitung?"
- ▶ Achten Sie darauf, ob Ihr Gast Sie weiter anschaut und Ihnen noch interessiert zuhört. Und kommen Sie zum Schluss, wenn die anderen am Tisch anfangen, sich untereinander zu unterhalten!

Ich kenn mich nicht aus

Gäste erwarten Antworten von Ihnen

PRAXISBEISPIEL

Ein älteres Ehepaar studiert voller Vorfreude Straßenkarten, um die beste Reiseroute zu ihrem etwa 500 Kilometer entfernten Urlaubsort zu finden. Nun schlägt die Frau vor: „Frag' doch einfach im Hotel nach, welche Anfahrtstrecke sie empfehlen!" Ihr Mann nimmt die Idee auf und ruft an. Nach dem Gespräch ist es nicht mehr weit her mit der Vorfreude, denn er brummt: „Das war für die Katz'! Ich hatte eine am Telefon, die kannte sich überhaupt nicht aus. Die wusste nicht einmal, wo unsere Stadt liegt. Die sollten sich überlegen, wen sie ans Telefon lassen."

Aus der Sicht der jungen Mitarbeiterin

Ich bin Aushilfe im Haus. Manche meinen, ich wäre ein bisschen flippig, aber alle sagen, ich wäre freundlich am Telefon. Deshalb hat mir die Junior-Chefin die Rezeption für zwei Stunden übergeben. Nach kurzer Einweisung in das Reservierungsbuch für das Restaurant und den Buchungsplan für die Zimmer hat sie sich auf den Weg in die Stadt gemacht. Ich freue mich über das Vertrauen, auch wenn ich etwas unsicher bin.

Freundlich ist wichtig, reicht aber nicht! Wissen ist eine zwingende Voraussetzung! Telefon und Internetauftritt sind Ihre Visitenkarten für die Gäste, denen Sie Ihr Haus nicht persönlich vor Augen führen können. Wer mit Ihnen telefoniert, schließt von diesem Eindruck auf Ihre Gesamtleistung.

SERVICE-TIPP

Überlegen Sie daher:

▶ Welche Informationen werden häufig nachgefragt? Welche Antworten sind die richtigen?

▶ Aus welcher Quelle kann Ihr Mitarbeiter diese Informationen ziehen? Gibt es eine Liste „Häufige Fragen und Antworten" im PC? Hier wäre ein Routenplaner, der möglichst gleich auf der Homepage steht, ideal gewesen.

▶ Wie können Gäste nachhaltig, auch nach dem Telefongespräch, auf die Auskünfte zugreifen? Entweder schreibt Ihr Anrufer die Auskünfte mit oder Sie bieten an, einen Ausdruck zu schicken. Alternativ ist es für mache Gäste leichter, Sie nutzen den Routenplaner auf Ihrer Homepage parallel und helfen ihm so, das Gewünschte zu finden.

Kurz-Check „Wissen"

Fit im täglichen Gästequiz

	Checkpunkt	Erfüllt ✓	Nicht erfüllt	Maßnahme
1	Alle kennen sich aus und können erklären, was wo zu finden ist.	☐	☐	....
2	Alle Mitarbeiter kennen Servicezeiten und können sie nennen (Restaurant, Zimmer beziehen und räumen, Rezeption besetzt, Saunaöffnung ...).	☐	☐	....
3	Alle kennen wichtige Ausflugsziele in der näheren Umgebung.	☐	☐	....
4	Alle können am Telefon die Anfahrtswege bis 20 km Entfernung klar beschreiben.	☐	☐	....
5	Alle können am Telefon Tipps zur Navi-Eingabe geben.	☐	☐	....
6	Alle kennen den Aufbau sowie die Nutzungseigenschaften unserer Homepage.	☐	☐	....
7	Alle, die ans Telefon gehen, können gängige Routenplaner im Internet bedienen.	☐	☐	....
8	Servicemitarbeiter kennen aktuelle Angebote und können sie beschreiben.	☐	☐	....
9	Servicemitarbeiter kennen wichtige Informationen zu Rohwaren.	☐	☐	....
10	In jeder Schicht ist mindestens einer versiert im Weinangebot.	☐	☐	....
	Summe			....
	Ergebnis in Prozent (Summe x 10)	☐	☐	....

Das wollen wir verbessern:

....

....

....

Das geht nicht

Der letzte Eindruck bleibt

PRAXISBEISPIEL

Zwei Freundinnen haben sich eine Auszeit in einem Gasthaus genommen. Ihnen hat die Gegend sehr gut gefallen, und eine der beiden überlegt, im kommenden Sommer mit Mann, zwei Kindern und Hund wiederzukommen. Sie hat im Hausprospekt gelesen, dass es Ferienwohnungen gibt, in denen auch Haustiere willkommen sind. Sie fragt die Mitarbeiterin danach. Erstaunt erfährt sie, dass die Wohnungen nur für maximal drei Personen zu buchen sind. Ein zusätzliches Kind sei nicht unterzubringen, erfährt sie auf Nachfrage. Sie ist dennoch interessiert und bittet um eine kurze Besichtigung. Darauf die Mitarbeiterin: „Nein, das geht jetzt nicht, da ist jetzt keiner." Etwas ratlos und mit einem unangenehmen letzten Eindruck verabschieden sich die zwei Frauen.

Aus der Sicht der Mitarbeiterin:

Ich habe heute Morgen noch einiges für das Mittagsgeschäft vorzubereiten und bin gleichzeitig für die Pensionsgäste da. Wenn es dabei nur ums Zahlen der Rechnungen ginge, wäre das ja in Ordnung, aber es kommt immer eins zum anderen. Gerade eben wollte eine Frau die Ferienwohnungen besichtigen, dabei liegen die mindestens zehn Minuten Fußweg entfernt. Ich kann doch hier nicht einfach weg.

Bieten Sie Alternativen und Lösungen! Nicht alle Wünsche von Gästen sind stehenden Fußes zu erfüllen. Das bedeutet aber nicht, dass Sie sie rundheraus ablehnen sollten. Ein direktes „Nein" ist eine Blockade, die fest steht und nur schwerlich damit in Einklang zu bringen ist, dass der Gast Sie positiv in Erinnerung behalten soll . Sie wissen doch: **Der letzte Eindruck bleibt!** Auch wenn vorher alles gut und prima war, überlagert der letzte Frust all die guten Erfahrungen und bleibt haften. Also: Überlegen Sie, welche Möglichkeiten Sie stattdessen anbieten können.

SERVICE-TIPP

Wie soll das praktisch gehen?

▶ Alternativen für momentan unerfüllbare Gastwünsche suchen, z. B.: „Das ist jetzt nicht sofort möglich, aber ich kann Ihnen anbieten, dass ein Kollege Sie dort in einer Stunde trifft."

▶ Oder: „Ich bin jetzt allein hier und kann deshalb nicht weg. Wie lange bleiben Sie noch in unserem schönen Ort?" Das zeigt den Spielraum, den Sie für ihre Vorschläge haben und schafft im Zweifelsfall sogar weiteren, wenn der Gast flexibel ist.

▶ Handeln Sie nach dem wichtigen Merksatz im Gastkontakt: **Der erste Eindruck prägt, und der letzte Eindruck bleibt** – auch wenn der Kontakt längst Geschichte ist.

Wir müssen sparen

Einfühlungsvermögen, um Gäste zu binden

„Wie soll ich das denn machen?", fragt sich die Sachbearbeiterin eines Reifenhändlers mit mehreren Filialen in der Umgebung, als sie die neue Unternehmensrichtlinie für Tagungen auf den Tisch bekommt und in diesem Rahmen die Jahrestagung der Region planen soll. Das Budget ist pro Teilnehmer um ein Drittel gekürzt worden! Gleichzeitig weiß sie, dass die Sparmaßnahmen nicht so offensichtlich spürbar sein sollen. Sie braucht also eine Lösung, die gut aussieht und im vorgegebenen Teilnehmersatz bleibt. „Die Quadratur des Kreises!", seufzt sie und ruft das Hotel an, in dem die Tagung stattfinden soll.

Aus der Sicht des Hoteldirektors

Die jährliche Tagung unseres Stammkunden steht an. Dieser Umsatz ist seit vier Jahren ein fester Posten im Herbst, der ein kleines Polster vor dem Weihnachtsgeschäft sichert. Gerade planen wir das Abendmenü, als der Anruf der Kundenmitarbeiterin mich erreicht. „Das verstehe ich nicht, wenn Sie sparen müssen, sollten Sie auch dazu stehen. Bei uns gibt es keine ‚Schaumschlägerei'. Was etwas wert ist, muss auch etwas kosten. Wenn Sie weniger zahlen wollen, gibt es eben auch weniger!" Sonst will die Firma ja immer für weniger Geld die volle Leistung haben ...

Zeigen Sie Einfühlungsvermögen und entwickeln Sie Ideen! Gerade wenn Sie spüren, dass Ihr Gesprächspartner ratlos oder ihm etwas unangenehm ist, geht es um Ihr Fingerspitzengefühl und Ihre Kreativität. Was können Sie anbieten, wie können Sie Ihrem Gast oder in diesem Fall Ihrem Kunden entgegenkommen und vor allem, wie können Sie ihm aus seiner gespürten Peinlichkeit helfen?

Dann sind Sie fachlich wie auch menschlich der richtige Ansprechpartner.

Ihre Botschaften:

► „Ich habe verstanden, worum es Ihnen geht und kann nachvollziehen, dass das schwierig für Sie ist." Sprechen Sie dabei nicht von einem „Problem", denn das verschärft das Problematische nur. Spiegeln Sie das Anliegen Ihres Gastes in eigenen Worten wider und vermitteln Sie Verständnis.

► „Wir werden eine Lösung finden. Wir bekommen das hin." Dafür helfen beruhigende Worte und Zuversicht in der Stimme.

► Welche Rahmenbedingungen liegen vor? Hier ist Ihre Fragetechnik gefragt, mit der Sie alle Möglichkeiten und Begrenzungen, die Ihr Gast sieht, erfragen und darauf einen passenden Vorschlag machen, z. B.:

– „Was ist Ihrem Chef besonders wichtig in der Tagungsverpflegung?

- Brauchen Sie auch in diesem Jahr vier Gruppenräume?
- Was halten Sie von einem optisch üppigen Snack-Büfett in der Mittagspause?
- Wie lange geht Ihre Tagung? Können Sie verkürzen und mit dem Nachmittagskaffee enden?
- Wie sieht es mit den Getränken aus, können wir große Flaschen Mineralwasser und Apfelschorle nehmen?
- ...

▶ **Binden Sie Ihre Kunden – auch in kritischen Zeiten:** Überlegen Sie, wie Sie ihn auch mit kleinerem Budget zur Buchung bewegen, statt dass er abwandert oder die Tagung in den eigenen Räumen stattfinden lässt? Denn: Besser ein kleiner als kein Umsatz.

Zeigen Sie
Fingerspitzengefühl
& Kreativität!

Haben Sie einen Tipp?

Jeder Gastwunsch verdient Beachtung

Ein Paar plant mit Freunden einen Skiurlaub über Weihnachten. Es kennt die Gegend noch nicht, hat aber gehört, dass an den Liften gerade über die Feiertage viel Andrang herrscht. Hat das Hotel vielleicht einen Tipp, wie man Wartezeiten vermeiden kann? Mit dieser Frage ruft die Frau dort an. Anschließend ist sie wirklich verärgert und denkt mit ihrem Partner darüber nach, die Buchung zu stornieren. Im Telefonat mit den Freunden macht sie ihrem Missfallen Luft: „Du glaubst es nicht, der meinte doch tatsächlich, wir wären doch noch jung und sollten es nicht immer so eilig haben. Schließlich hätten wir doch Urlaub und würden uns sicher auch freuen, wenn ordentlich was los wäre. Und außerdem habe sich da noch niemand beschwert!"

Aus der Sicht des Rezeptionschefs
Das war ja wieder mal typisch. Da kommen die jungen Leute im Winter hier her, wollen Ski fahren und Après Ski erleben und fragen dann, bevor sie überhaupt hier sind, wie sie sich um das bisschen Wartezeit an den Liften drücken können. Als ob die nicht Zeit genug hätten."

Seien Sie ansprechbar für alle Wünsche. Sie sind kein Richter, der entscheidet, welcher Wunsch akzeptabel ist und welcher nicht. Hören Sie zu, denken Sie nach und entwickeln Sie gemeinsam Ideen, auch wenn Sie ein Anliegen vielleicht nicht nachvollziehen können.

Verstärken Sie die Vorfreude Ihrer Gäste in den Kontakten vor ihrem Besuch – mit zusätzlichen Informationen, die ihren Aufenthalt noch attraktiver erscheinen lassen.

Vermitteln Sie Geheimtipps. Auch wenn Sie nicht alle Anliegen erfüllen können, weil sie gar nicht in Ihrem Einflussbereich liegen: Machen Sie Vorschläge und lassen Sie sie wie einen besonderen Tipp klingen, den nicht jeder kennt. Jeder Mensch will gern besonderes Glück haben und einen außergewöhnlichen persönlichen Vorteil genießen. Das kann Ihr Gast auch bei Ihnen. Solange Ihre Vorschläge realistisch und umsetzbar sind, werden Ihre Gäste sie dankbar aufnehmen.

„Serviceeinstellung"

Guter Service – auch wenn es schwer wird

Minuten	Inhalt, Methode und Hilfsmittel
0'	*Einstieg* *„Unser Thema heute ist unsere ServiceEINSTELLUNG– also unsere innere Überzeugung, die uns hilft, auch in schwierigen Situationen den bestmöglichen Service zu bieten."* **Guter Service bei uns?** *Frage:* *„Jeder von euch hat bestimmte Erwartungen an guten Service. Wenn ihr selbst Gast in einem Restaurant oder Hotel seid, erlebt ihr Service und macht euch ein Bild davon, was ,gut' für euch bedeutet. Das sieht im Schnellrestaurant anders aus, als in einem guten Speiselokal und kann trotzdem beide Male gut sein. Darum die Frage: Was bedeutet guter Service bei uns? Woran sollen und können Gäste erkennen, was wir unter gutem Service verstehen?"* Antworten sammeln und mitschreiben (am besten wieder am Flipchart). Fehlende Punkte hinterfragen, bis alles Wesentliche genannt ist.
3'	**Und wenn es schwierig wird?** *Aufgabe:* *„Vieles von dem, was wir gerade gesammelt haben, tun auch wir täglich. Das funktioniert gut, wenn alles wie geplant läuft. Unsere Serviceeinstellung steht aber besonders dann auf den Prüfstand, wenn wir nicht nach unserem ursprünglichen Plan arbeiten können und uns der Zufall trifft. Wenn wir z. B. zu wenig Leute sind und einer eigentlich drei Dinge gleichzeitig tun müsste, wenn dazu auch noch permanent das Telefon klingelt, und wenn dann noch Gäste mit völlig neuen Fragen oder Wünschen kommen...* Ich habe hier drei Situationen mitgebracht, in denen es schwierig ist, guten Service zu bieten. Bitte nehmt euch zu zweit oder zu dritt einen Fall vor und überlegt, wie ihr den Gast trotzdem von eurem guten Service überzeugen könnt." *Schriftlich vorbereitete Situationen verteilen – kurze Beschreibungen (z. B. aus Reklamationen oder beobachteten Reaktionen, die noch nicht optimal waren):*

Minuten	Inhalt, Methode und Hilfsmittel
	► *Situation 1:* Beispiel aus dem eigenen Haus, in dem der Mitarbeiter einen Gastwunsch nicht sofort erfüllen kann, weil er allein ist. ► *Situation 2:* Beispiel aus dem eigenen Haus, in dem der Mitarbeiter mit einem schwierigen Gast zu tun hat, und gleichzeitig ständig durch das Telefon und Rückfragen von Kollegen gestört wird. ► *Situation 3:* Beispiel aus dem eigenen Haus, in dem ein Mitarbeiter eine wenig nachvollziehbare Gastanfrage beantworten soll.
8'	Ergebnisse sammeln und evtl. je Situation gemäß dem Ziel ergänzen: ► *Situation 1:* Ziel: Möglichkeiten des Gastes erfragen und ihm eine gute Alternative anbieten. ► *Situation 2:* Ziel: Auf den Gast konzentrieren, dazu Störungen freundlich-bestimmt beenden (am Telefon um einen Moment Geduld bitten/auf Kollegen umstellen, interne Fragen von Kollegen auf später verschieben) ► *Situation 3:* Ziel: Gastwunsch ohne Wertung beachten und beantworten. Mit Antwort positive Stimmung machen, z. B. Vorfreude verstärken, Sicherheit vermitteln, Geheimtipp geben, ...
10'	**Zusammenfassen und vereinbaren** „Diese Lösungen lassen unsere Serviceeinstellung erkennen. Daraus können wir ablesen, was der Gast für uns bedeutet. Zusammen gefasst gilt bei uns: *Auf einem Plakat vorbereitet zeigen:* **Wir wollen alle Gastwünsche erfüllen oder für den Gast passende Alternativen anbieten.** **Der Gast, der vor uns steht, ist wichtiger als alles andere.** **Wir nehmen jeden Gastwunsch ernst und verbreiten eine positive Stimmung.** „Ich hänge das Plakat im Pausenraum aus. Nutzt es bitte als Erinnerung im Alltag, wenn es wieder mal eng wird. Herzlichen Dank!"

Beratung erwünscht

Gästewünsche erfragen und geeignete Angebote machen

PRAXISBEISPIEL

Ein Herr studiert die Speisekarte im Rathauskeller. Er kann sich nicht so recht entscheiden und liest noch einmal von vorne. Der Kellner bringt schon das Getränk und fragt nach den weiteren Wünschen. Der Gast – nach wie vor ratlos – bittet noch um etwas Zeit. Der Kellner geht zurück an die Theke und wartet, bis sein Gast die Karte zuklappt. Das tut dieser schließlich resigniert und meint: „Ich weiß nicht so recht, was ich nehmen soll. Sie haben so viel auf der Karte, dass ich mich nicht entscheiden kann." Die etwas selbstzufriedene Antwort: „Tja, das glaube ich, wir haben eben ein umfangreiches Angebot."

Zum Hintergrund aus der Servicesicht
Im Rathauskeller arbeiten wir abends zu dritt im Service. Wir sind uns einig: „Die Entscheidung unserer Gäste wollen wir nicht aktiv beeinflussen, wir kennen ja deren Geschmack nicht. Gerne beantworten wir konkrete Fragen, aber auswählen und entscheiden muss jeder selbst. Das dauert zwar bei unserer großen Karte manchmal lange, aber bisher ist noch jeder satt geworden."

SERVICE-TIPP

Bieten Sie Auswahlhilfe an! Wenn ein Gast nicht weiß, was er wählen soll, sind Sie als Service-Profi gefragt. Helfen Sie ihm mit gezielten Fragen und anregenden Beschreibungen, um passende Angebote immer weiter einzugrenzen und dann zu entscheiden. Sie sind der Berater am Tisch und nicht nur ein Transporteur von Speisen und Getränken. Erkunden Sie, was Ihr Gast mag, und bringen Sie es ihm dann mit der passenden Beschreibung!

Fragen und beschreiben Sie immer wieder neu:
- ▶ Pirschen Sie sich an Vorlieben und Wünsche heran, bevor Sie etwas Konkretes vorschlagen, z. B.: „Haben Sie eher Appetit auf etwas Herzhaft-Deftiges oder auf etwas Leichtes?" „Darf es eher etwas für den größeren oder für den kleinen Hunger sein?" „Steht Ihnen der Sinn mehr nach Fleisch oder vielleicht nach Fisch?" „Bevorzugen Sie einen trockenen oder einen fruchtigen Wein?" „Lieber einen weißen oder einen roten?" „Lieber einen deutschen oder einen österreichischen?" ...
- ▶ Hören Sie auf die Antwort (auch zwischen den Zeilen auf Tonfall und Gesichtsausdruck) und fragen Sie in der erfolgversprechenden Richtung weiter! Reihen Sie die Fragen wie Perlen auf eine Kette, bis Sie zu einer eindeutigen Aussage kommen. Dann kommt Ihre Empfehlung: „Wir haben ein gegrilltes Putensteak mit mediterranem Gemüse – das ist sehr beliebt bei unseren Gästen. Wäre das auch etwas für Sie?"
- ▶ Wenn die Mimik in Richtung „Nein" geht, bieten Sie eine Alternative: „Oder das Omelette mit frischen Pfifferlingen und grünem Blattsalat?" Vermeiden Sie ein klar ausgesprochenes „Nein", denn damit erschweren Sie sich den Weg zu weiteren Vorschlägen (siehe auch die Beispiele im Kapitel Verkauf ab Seite 69).

Was empfehlen Sie?

PRAXISBEISPIEL

Erst fragen, dann empfehlen

Die ältere Dame möchte eine Woche im Kurhotel Bad Waldsee aus-spannen, weiß aber nicht, welche Zeit sie wählen soll. Nach Ferien oder Urlaub muss sie sich nicht richten, aber große Hitze setzt ihr zu, und sie ist eher kälteempfindlich. Außerdem mag sie Waldspazier-gänge und genießt den Blick von Aussichtspunkten in die Landschaft. Das alles soll es dort geben, und nun hofft sie auf einen guten Rat aus dem Hotel. Also ruft sie an und fragt nach. Mit der Antwort kann sie allerdings nicht viel anfangen und fühlt sich auch ein bisschen schnell abgefertigt.

Aus der Sicht der Empfangsmitarbeiterin
Ich höre nun schon zum dritten Mal in zwei Tagen die Frage: „Junge Frau, wann ist denn die beste Jahreszeit, um zu Ihnen zu kommen?" Was soll ich denn darauf sagen? Was weiß denn ich, was die Gäste wol-len. Außerdem kann das Wetter immer mal ein paar Tage schlecht sein und ich möchte schließlich nicht verantwortlich sein, wenn es dem Gast nicht gefällt. Also sage ich immer: „Das können nur Sie entscheiden, bei uns ist es immer schön!"

SERVICE-TIPP

Erkennen Sie, was Ihrem Gast wichtig ist! Erspüren Sie Unsicherhei-ten und gehen Sie auf das Bedürfnis ein, Vorfreude zu teilen oder über Erlebtes zu sprechen. Sie sind ein Mensch mit Antennen für Zwischen-töne und keine „seelenlose" Auskunftei. Erfragen Sie, was Ihren Gast besonders umtreibt und über welchen Anknüpfungspunkt Sie ihn am ehesten erreichen. Auf welche Motive reagiert er besonders lebhaft? Zeigt er Neugierde, will er Sicherheit und Bequemlichkeit, spricht er auf Gesundheit und Fitness an, freut er sich über das Preisschnäpp-chen oder das Prestige, das mit einem Besuch bei Ihnen verbunden ist? Die Kombination der zwei bis drei wichtigsten Motive ergründen Sie wieder mit Fragen, z. B. im beschriebenen Fall:

- ▶ „Was ist Ihnen generell besonders wichtig in Ihrem Urlaub? Was an Ihrem Besuch bei uns? Was möchten Sie gerne tun und erleben?"
- ▶ „Worauf legen Sie in Ihrem Tagesablauf besonderen Wert?"
- ▶ „Sie möchten große Sommerhitze und Winterkälte meiden? Dann kommen Sie doch in den goldenen Oktobertagen. Wir haben dann häufig sehr milde Temperaturen."
- ▶ „Wenn Sie gerne spazieren gehen, haben wir wunderschöne Wan-derwege mit geringer Steigung zu verschiedenen Aussichtspunk-ten. Wenn es abends dunkel oder kühl werden sollte, können wir Sie gern von dort abholen."

„Fragen"

Mit Fragen Gastwünsche erfüllen

Minuten	Inhalt, Methode und Hilfsmittel
0'	Einstieg „Unser Thema heute ist das Fragen, denn gute Fragen helfen uns, den Gast passend zu beraten und seine Wünsche zu erfüllen. **„Klug zu fragen ist schwerer als klug zu antworten!" sagt ein Sprichwort** *Frage:* *„Wann brauchen wir kluge Fragen in unserer Arbeit mit dem Gast?"* Antworten sammeln und evtl. ergänzen: ▶ Wenn wir Informationen für eine Reservierung oder Buchung von ihm brauchen; wenn er die Karte studiert hat und wir seine Bestellung aufnehmen wollen; wenn er zahlen will; ... „Zusammengefasst, immer, wenn wir unsere Arbeit so machen wollen, dass sie zu seinen Wünschen passt."
3'	**Frage und Gegenfrage?** Erklärung: „Das gilt auch, wenn ein Gast sich nicht entscheiden kann oder eine Empfehlung für den nächsten Tagesausflug braucht. Dann stellt er uns eine Frage, z. B.: „Was können Sie mir empfehlen?" Der erste Impuls ist, ganz viele Empfehlungen hintereinander zu geben. Aber, bieten wir ihm dann das an, was zu seinen Wünschen passt? – Vielleicht? Wir wissen es nicht. Darum gilt auch hier: Fragen stellen! Mit Fragen finden wir heraus, was ihm gefällt, was ihm schmeckt, wie viel Zeit er hat, worauf er Wert legt, welche Möglichkeiten er hat usw. Mit Auswahlfragen stellen wir ihm gleichzeitig unser Angebot vor und geben ihm die Möglichkeit, auszuwählen. Das wollen wir jetzt an Beispielen üben, die zu uns passen."
5'	**Auswahlfragen** *Aufgabe Beispiel 1* *(Sie können auch andere Beispiele aus Ihrem Haus formulieren):* *„Ein älterer Gast möchte eine Wanderung in die nähere Umgebung machen. Er liebt schöne Aussichtspunkte.*

Minuten	Inhalt, Methode und Hilfsmittel
	Welche klugen Fragen stellen wir, bevor wir eine Empfehlung abgeben?" Antworten sammeln und evtl. ergänzen: ▶ z. B: Haben Sie lieber eine geringe Steigung oder darf es ruhig etwas steiler bergauf gehen? Ist Ihnen ein Weg von drei Kilometern recht, sollte es kürzer oder gerne auch länger sein? Soll es an dem Aussichtspunkt eine Gaststätte geben oder möchten Sie lieber ein Lunchpaket mitnehmen? Möchten Sie hin und zurück wandern, oder dürfen wir Sie für den Rückweg abholen? ...
8'	*Aufgabe Beispiel 2:* *„Ein Gast hat ein Gericht bestellt und möchte jetzt eine Weinempfehlung. Welche klugen Fragen helfen jetzt weiter?"* Antworten sammeln und ergänzen: ▶ Hätten Sie gern einen kühlen Weißwein oder einen schönen Rotwein? Bevorzugen Sie trockene Weine oder eher liebliche? Hätten Sie lieber einen deutschen, einen italienischen oder einen französischen Wein? ...
10'	**Zusammenfassen und vereinbaren:** „Diese Beispiele für kluge Fragen zeigen, wie wir unsere Empfehlungen und Antworten zielgenau auf den Gast zuschneiden können. Wir können je nach Umfang der Frage oder der Bestellung drei bis vier Fragen wie Perlen auf eine Kette reihen und uns so dem Gastwunsch immer mehr nähern. Aufpassen müssen wir allerdings immer darauf, nicht zu viele Fragen zu stellen. Zeigt der Gast kleine Anzeichen von Ungeduld, möchte er eine konkrete Empfehlung hören, und die soll er dann auch bekommen. Herzlichen Dank!"

Voll- oder Halbpension

Guter Rat darf nicht teuer sein

PRAXISBEISPIEL

Ein Familienvater plant einen Urlaub für seine fünfköpfige Familie in einem familienfreundlichen Hotel. Auf Empfehlung eines Kollegen erkundigt er sich telefonisch nach Preisen von Halb- und Vollpension im ersten Hotel seiner Vorauswahl. Die Mitarbeiterin empfiehlt ihm Vollpension mit der Begründung: „Mit Kindern ist das bestimmt besser, die haben doch immer Hunger. Da sind sie auf der sicheren Seite." Auf die Frage, ob er vor Ort auf Halbpension umbuchen könne, wenn die Familie mehr Ausflüge und Wanderungen machen will, hört er: „Nein, das geht nicht, wenn sie das gebucht haben, müssen sie auch kommen."

Aus Sicht der Mitarbeiterin

Das hätte der sich so gedacht! Natürlich muss er die Vollpension auch nehmen, wenn er sie gebucht hat. Unser Chef sagt immer: „Verkauft möglichst viele Zimmer mit Vollpension. Was wir haben, haben wir, und das tragen die Gäste nicht zur Konkurrenz." Und daran halte ich mich. Wenn mich jemand um einen Rat bittet, empfehle ich das Angebot mit dem höchsten Preis. Denn das sichert ja auch meinen Arbeitsplatz!"

Schneidern Sie Ihre Empfehlung auf das Gästebedürfnis zu – nicht auf Ihren eigenen Bedarf!

SERVICE-TIPP

Schneidern Sie Ihre Empfehlung auf das Gästebedürfnis zu – nicht auf Ihren eigenen Bedarf! Als Fachmann oder -frau vertreten Sie zwar Ihr Haus, sind aber auch Vermittler zwischen dem Wunsch Ihres Gastes und Ihrem Angebot, damit ein Verkauf zustande kommt. Für passende Empfehlungen gilt: Kennen Sie sich mit beidem aus. Über Ihr Angebot und Ihren Handlungsspielraum wissen Sie Bescheid – über die Wünsche, Überlegungen und den Entscheidungsspielraum Ihres Gastes wahrscheinlich noch nicht. Also: **Fragen, Fragen, Fragen:**

▶ Wie alt sind denn Ihre Kinder?
▶ Wie möchten Sie Ihre Urlaubstage hauptsächlich verbringen? Werden Sie mittags eher in der Nähe oder eher unterwegs sein?
▶ Wir bieten auch Lunchpakete für Ausflüge und Wanderungen an, wäre das vielleicht etwas für Sie?
▶ Stellen Sie ihm die Lösung zusammen, die sich nach seinen Wünschen richtet. Dann wird er das eher honorieren, als wenn er sich zu etwas gedrängt fühlt, was ihm sein Geld aus der Tasche zieht. Zudem: Der Gast **muss** gar nichts, selbst wenn Ihr Haus das so möchte. Bieten Sie ihm Ihren Vorschlag als Frage oder als Bitte an, dann fühlt er sich nicht unter Druck und bleibt eher bei der Stange.

„Servicesprache"

Gastorientierte Formulierungen

Minuten	Inhalt, Methode und Hilfsmittel
0'	Einstieg „Heute sprechen wir über unsere Sprache. Damit meine ich nicht deutsch oder englisch, sondern die Formulierungen, mit denen wir unsere Gäste ansprechen, ihnen erklären, was wir haben, sie um etwas bitten oder auf etwas hinweisen. Ziel ist, dass sie unsere Gastorientierung schon in unserer Sprache hören." **Die Sprache ist der Spiegel unserer Gedanken.** Erklärung: „Das sagt ein Sprichwort, und wenn wir uns gegenseitig gut zuhören, werden wir sehr schnell merken, was der andere über Gäste denkt." *Frage:* *„Wie sprechen wir über Gäste, die uns nerven? Wir haben doch alle auch Namen und Gesichter dazu im Kopf. Lasst uns mal die Negativbeispiele sammeln."* Antworten sammeln und evtl. ergänzen: ▶ Denkt mal an die Geschäftsreisende von letzter Woche; wer erinnert sich noch an den Familienvater vorgestern; und natürlich unser Stammgast … .
3'	**Der Spiegel wirkt zu zwei Seiten.** Erklärung: „Wenn unsere Sprache unsere negativen Gedanken nach außen spiegelt, funktioniert das auch für die positiven…". *Aufgabe:* *„Benennt für diese nervigen Gäste jetzt mal positive Eigenschaften, nicht ironisch, sondern solche, die auch zu ihnen passen."* Antworten sammeln und evtl. ergänzen: ▶ Da wird der nörgelnde Familienvater vielleicht zu einem besorgten; oder die anspruchsvolle Geschäftsfrau vielleicht zu einer mit klaren Wünschen und Anforderungen, die wir erfüllen können; oder der ewig ‚quatschende' Stammgast vielleicht zu einem gutmütigen Familienmitglied des Hauses …

Minuten	Inhalt, Methode und Hilfsmittel
5'	**Serviceorientierte Formulierungen** Erklärung: „Unsere Gastorientierung zeigt sich auch in weiteren Formulierungen, die wir längst nicht immer bewusst gebrauchen. Hier ist eine kleine Sammlung:" Vorbereitetes Flipchart mit: ▶ Sie müssen … (z. B. an der Rezeption fragen), ▶ Das geht nicht/haben wir nicht/kann ich nicht, … ist aus, ▶ Ich muss erst mal … Geld wechseln, nachschauen, ▶ Fragen Sie doch!
	Erklärung: „Immer wenn wir sagen ‚Sie müssen' geben wir eigentlich eine Anweisung und tatsächlich muss der Gast bei uns gar nichts (er kann es auch ganz sein lassen und wieder gehen). Das wollen wir natürlich nicht und auch nicht vermitteln, dass wir uns gezwungen sehen, etwas für ihn zu tun, also kein ‚Ich muss …'. Genauso wenig wollen wir ihm sagen und erklären, was bei uns alles NICHT geht, sondern viel lieber ausführlich das anbieten, was möglich ist. Richtig? Dann tun wir das doch!"
7'	**Serviceorientierte Formulierungen bei uns** *Frage:* *„Wie können wir diese negativ wirkenden Formulierungen vermeiden und in positive verwandeln?"* Antworten am selben Flipchart sammeln und neben die Begriffe schreiben – möglichst in einer anderen Farbe, damit sie auffallen. Antworten evtl. ergänzen, z. B.: Sie müssen: ▶ Darf ich Sie bitten … Das geht nicht: ▶ Das ist im Moment nicht möglich, stattdessen haben wir heute besonders … Ich muss erst mal: ▶ Gerne, einen kleinen Moment bitte, ich bin gleich für Sie da … Fragen Sie doch!: ▶ Ich helfe Ihnen gerne. Bitte wenden Sie sich an mich, wenn Sie Fragen haben … Weitere eigene Beispiele ergänzen.

Minuten	Inhalt, Methode und Hilfsmittel
10'	**Zusammenfassen und vereinbaren:**
	„Diese Beispiele zeigen, wie wir gastorientiert sprechen. Das geht nicht von heute auf morgen, denn wir alle haben uns Formulierungen angewöhnt, die wir nur nach und nach wieder ablegen können. Wenn wir uns aber gegenseitig darauf aufmerksam machen, können wir dafür sorgen, dass alle Unwörter verbannt werden und uns eine positive Servicesprache in Fleisch und Blut übergeht.
	Im „Office" hängt wieder das Flipchart mit den Beispielen als Erinnerungshilfe für den Alltag.

Die Sprache
ist der
Spiegel
unserer
Gedanken

Wir möchten mal Abwechslung

Eine gute Empfehlung macht Freunde

PRAXISBEISPIEL

Eine Familie ist seit fünf Tagen im Urlaub an der See und kommt von einer Wattwanderung zurück. An den vergangenen Abenden hat man im Hotel gegessen, doch heute sind sich alle einig, dass sie einen „Tapetenwechsel" brauchen. Deshalb geht die Mutter in die Gaststube und fragt an der Theke nach einem Tipp für ein anderes Restaurant. Die Antwort lässt sie ratlos und irritiert zurück, denn die lautete: „Ja, das weiß ich auch nicht. Da gibt's das eine oder andere, aber am besten essen Sie bei uns, wir haben auch alles, Fisch, Fleisch, … alles!"

Der Mitarbeiter an der Theke

Wieder diese Fragen nach anderen Restaurants. Dabei bieten doch alle dasselbe an: Fisch, weil wir an der Küste sind, und Fleisch, weil viele das wollen, Salat, weil das dazu gehört, und ein bisschen was für die Kinder. Unsere Chefin sagt immer: „Seht zu, dass die Leute bei uns bleiben, macht lieber mal was außer der Reihe, wenn die Gäste Abwechslung wollen." Das hätte ich ja anbieten können, habe aber in dem Moment nicht dran gedacht.

Bieten Sie Vielfalt und Abwechslung – auch jenseits Ihrer Mauern:

SERVICE-TIPP

Gäste sind doch keine Gefangenen! Vielfalt und Abwechslung gehören zu ihren Kernerwartungen an einen Urlaubsort – auch über Ihr Haus hinaus!

Zeigen Sie sich von Ihrer großzügigen Seite:
- ▶ Erfragen Sie wieder die genauen Wünsche.
- ▶ Empfehlen Sie das Passende, das einen guten Ruf hat (Gäste mit Internet-Zugang finden das sowieso heraus).
- ▶ Erfragen Sie hinterher die Erfahrungen und halten Sie sie für spätere Empfehlungen fest.
- ▶ Vereinbaren Sie mit anderen Häusern gegenseitige Empfehlungen, dann haben Sie auch etwas davon.

Kurz-Check „Beratungsgespräch"

Treffen wir die Gastwünsche?

	Checkpunkt	Erfüllt ✓	Nicht erfüllt	Maßnahme
1	Ich stelle mich auf jeden Gast neu ein (atme wenn nötig erst tief durch).	☐	☐	....
2	Im ersten Kontakt mache ich mir schon ein Bild von meinem Gast.	☐	☐	....
3	Ich höre aufmerksam zu und achte darauf, was er wirklich will.	☐	☐	....
4	Ich frage nach: „Verstehe ich richtig, dass Sie ... wünschen?"	☐	☐	....
5	Ich frage gezielt, bis ich alle wichtigen Informationen habe.	☐	☐	....
6	Dabei lasse ich mein Angebot in Auswahlfragen „X oder Y?" einfließen.	☐	☐	....
7	Zwischendurch wiederhole ich, was schon geklärt ist.	☐	☐	....
8	Empfehlungen schmücke ich mit anregenden Eigenschaften aus.	☐	☐	....
9	Abschließend stelle ich die „Vertragsfrage": „Sie nehmen also ...?"	☐	☐	....
10	Ich wiederhole die Vereinbarung und danke von Herzen.	☐	☐	....
	Summe			....
	Ergebnis in Prozent (Summe x 10)	☐	☐	

Das wollen wir verbessern:

....

....

....

....

Der 80. Geburtstag

Hier überzeugt der Profi

PRAXISBEISPIEL

Eine Frau möchte den 80. Geburtstag ihres Vaters in einem Lokal mit regionalem Flair vorbesprechen. Eigentlich würde sie das Fest lieber selbst ausrichten, denn nach ihrer Erfahrung laufen Feste in Gaststätten immer nach demselben Schema ab, und das ist ihr zu unpersönlich. Aber ihr Vater hat darauf bestanden, dass sein Geburtstag dort gefeiert werden soll. Außerdem möchte er, dass alle mitfeiern können und niemand aus der Familie am Festtag arbeiten muss. Die Frau hat sich telefonisch angemeldet und ist sehr gespannt, aber auch ein bisschen skeptisch, was sie im Stammlokal ihres Vaters erwartet.

Eine erfahrene Servicemitarbeiterin ...

... bereitet sich auf das Gespräch vor. Ihr Chef hat sie gebeten, das zu übernehmen, da er einen Termin außer Haus hat. Das Lokal ist auf Familienfeste spezialisiert und hat dafür verschiedene Angebote zur Auswahl ausgearbeitet. Die Mitarbeiterin verabschiedet sich kurz vor dem vereinbarten Termin bei ihrer Kollegin aus dem Tagesgeschäft. Sie legt die bebilderte Angebotsmappe und eine Checkliste bereit, die sie durch das Gespräch führt und in der sie die Ergebnisse gleich notieren kann. Sie deckt einen Tisch in einem separaten Raum mit Kaltgetränken und Kaffeetassen ein und erwartet ihren Gast. Sie hat sich vorgenommen, sich ganz auf das Gespräch und die Wünsche der Tochter ihres Stammgastes zu konzentrieren.

Seien Sie vorbereitet! Hier läuft alles richtig. Der Gast ist angemeldet, die Gesprächspartnerin im Haus hat sich und einen ruhigen Platz für das Gespräch vorbereitet und kann sich jetzt ganz den Wünschen ihres Gastes widmen.

SERVICE-TIPP

Und wie geht es jetzt weiter? Wie „gemalt", Schritt für Schritt: Die Servicemitarbeiterin ...

▶ ... begrüßt die Tochter des Jubilars, sobald diese das Haus betritt. Sie bittet sie an den vorbereiteten Tisch und bietet ihr ein Getränk an.
▶ ... fragt nach den Wünschen für das Fest:
„Was haben Sie sich vorgestellt?
Wie viele Gäste hat Ihr Vater eingeladen?
Wie soll das Fest aus Ihrer Sicht ablaufen?
Haben Sie sich schon über das Essen Gedanken gemacht, was schwebt Ihnen vor?
Wie hätten Sie es am liebsten?
Wo liegt Ihr preislicher Rahmen?
Worauf sollen wir besonders achten? ..."

- ... stellt daraufhin verschiedene Angebote vor und variiert dabei, wo nötig und möglich, um die Wünsche möglichst komplett zu treffen und trotzdem im kalkulierten Rahmen zu bleiben.
- ... führt das Gespräch in gleicher Weise weiter für die Einlagen der Enkel und Weggefährten, die im Ablauf zu berücksichtigen sind, für die Getränke, die Tischdekoration, den zeitlichen Ablauf und veranschaulicht die verschiedenen Möglichkeiten mit den Bildern aus der Angebotsmappe.
- ... hinterfragt immer wieder, ob das so den Wünschen der Tochter und natürlich auch des Jubilars entspricht: „Haben Sie sich das so vorgestellt? Passt das so für Sie? Würde das Ihrem Vater gefallen? ...“
- ... sagt ein konkretes Angebot zu einem von der Tochter akzeptierten Termin zu und vereinbart ein Probeessen.
- ... stellt sicher, dass alle Fragen geklärt und beantwortet sind, bevor sie ihren Gast zur Tür bringt und verabschiedet.
- ... hat alles in ihrer Checkliste festgehalten und kann damit zusammen mit ihrem Chef die interne Feinplanung machen, das Angebot schreiben und es pünktlich verschicken.

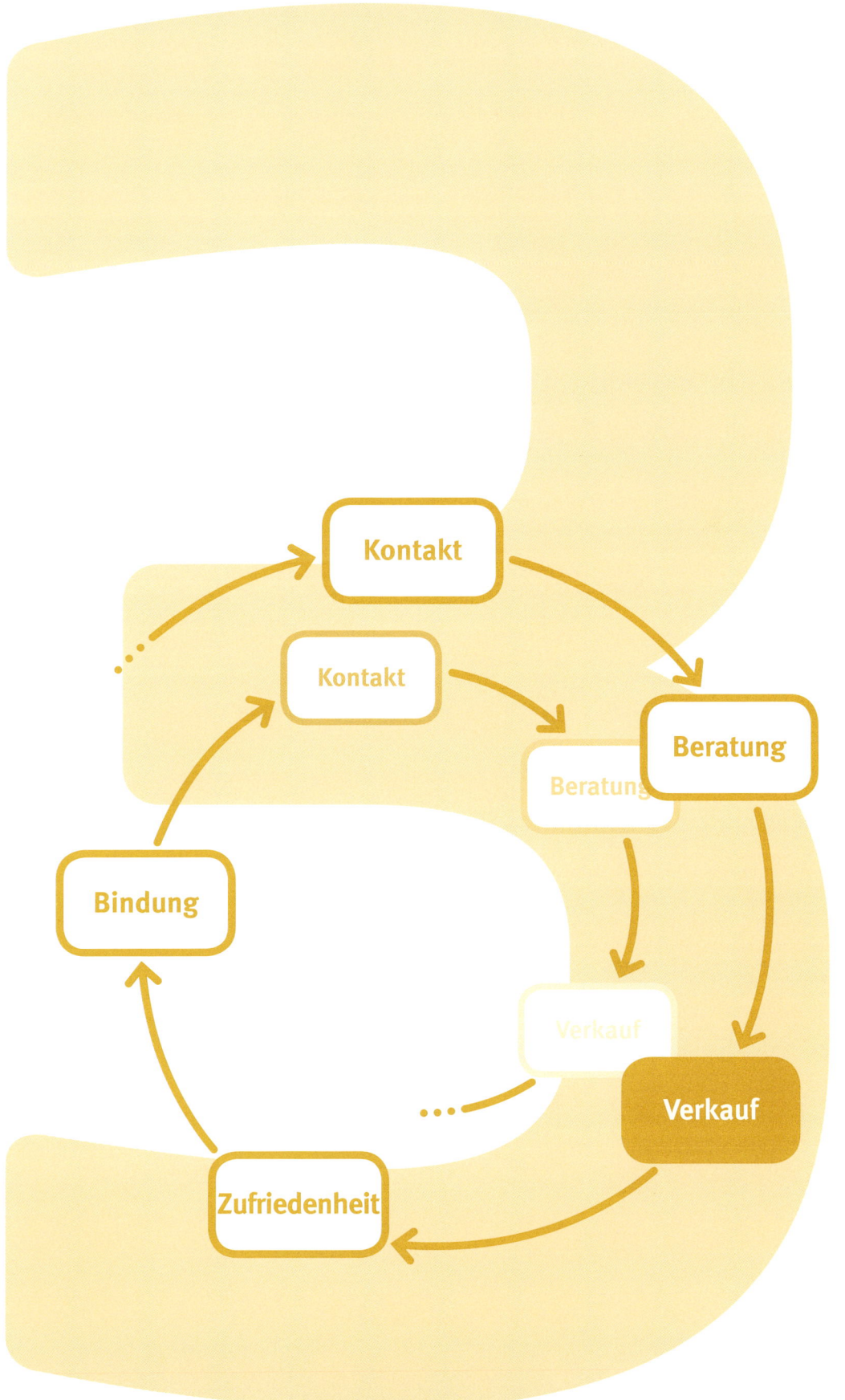

Kontakt

Kontakt

Beratung

Beratung

Bindung

Verkauf

Verkauf

Zufriedenheit

VERKAUF

Worum geht es letztlich im Gastronomie- und Beherbergungsgeschäft? Um den Verkauf. Und zwar um einen Verkauf in solchen Mengen und zu solchen Preisen, dass das Ergebnis stimmt, sprich, dass vom Umsatz nach Abzug der Kosten ausreichend viel übrig bleibt. Denn diese Arbeit ist ein wirtschaftliches Unterfangen, um Gewinn zu erzielen und diesen zu optimieren.

Aus Marketing-Sicht bedeutet das: Es braucht das richtige Produkt zum richtigen Preis am richtigen Ort zur richtigen Zeit – und der Gast muss darüber Bescheid wissen, also muss die Kommunikation stimmen. Den entscheidenden Unterschied zu anderen Anbietern macht die Art und Weise, wie der Gast bei Ihnen „in der Stunde der Wahrheit", also im persönlichen Kontakt, das Zusammenspiel erlebt. Dieser kleine Unterschied liegt häufig in der Servicequalität, denn Kochen oder Betten beziehen können andere auch.

Entscheidend für die Kaufentscheidung der Gäste ist damit letztlich diese Etappe 3, der Verkauf, in der der Gast bestellt, was er bereit ist zu zahlen.

Wer verkauft bei Ihnen? Hoffentlich die Besten, die sich auf die Gäste einstellen und auf Augenhöhe mit ihnen kommunizieren können, die das Angebot aus dem FF kennen und die Spaß am Erfolg haben. Die die Prioritäten kennen, auch im Balanceakt bei der Abwägung, was Vorrang hat: Zuerst Essen heraustragen oder einen Tisch fertig machen für neue Gäste oder eine Bestellung aufnehmen oder einem Bezahlwunsch nachkommen?

Grundsätzlich helfen auch hier solide Standards, die den Verkauf im eigenen Betrieb maßgeschneidert aufgliedern:

▶ Welche „Philosophie" gilt für uns im Verkauf? Was wollen wir in welcher Art und Weise und mit welchem Durchschnittspreis verkaufen?

▶ Was soll der Gast hinterher von uns denken und erzählen?

▶ Welche Eigenschaften stehen im Vordergrund? Schnell in einem Verkaufsvorgang oder in Ruhe, beratend und mehrstufig wie im guten Restaurant, verkaufen? Eher persönlich, eher schriftlich oder eher telefonisch? Direkt oder über Agenturen?

▶ Was sind unsere Kernprodukte, welche Leistungen runden das Ganze ab, und was sind die Sahnehäubchen?

▶ Was eignet sich zum Zusatzverkauf? Womit können wir den Preis steigern? Was können wir bei anderer Gelegenheit verkaufen (z. B. die Ferienwohnung)?

- ► Mit welchem Bestell- und Kassensystem arbeiten wir in welchem Automatisierungsgrad?
- ► Wie gestalten wir die Bezahlung? Bar und/oder bargeldlos, unmittelbar oder auf Rechnung und mit welchen Systemen?
- ► Welche Angebote und Preise gelten zu welcher Zeit? Welche Rates, Rabatte, Happy Hours kommen wann zum Tragen?
- ► Wie arbeiten die Schnittstellen, also Service und Küche bzw. Reservierung, Empfang und Etage zusammen?

Eine Menge Klärungs- und Gestaltungsraum – und der ist längst nicht vollständig. Doch es braucht zu allen Punkten Klarheit, Orientierung und Können bei den Servicemitarbeitern, die verkaufen. Was hier nicht in Fleisch und Blut übergegangen ist, schafft Unsicherheit und schmälert die Verkaufserfolge, vor allem, wenn es mal rund geht. Deshalb einige Erfolgstipps:

- ► **Standards selbstverständlich machen**
  Mit den Beteiligten immer wieder diskutieren, verbessern und trainieren. Wer sich damit auseinander gesetzt hat, versteht den Sinn und kann in unerwarteten Situationen angepasst handeln.

- ► **Technik angepasst einsetzen**
  Das ist ein Spagat, denn Technik muss immer wieder trainiert werden. Das schränkt die Flexibilität im Personaleinsatz ein, vor allem wenn Mitarbeiter knapp sind und auch weniger qualifizierte in den Verkauf sollen. Doch clevere Technik kann auch durch Verkaufsprozesse leiten, automatisiert Abläufe sichern und Führungskräfte entlasten, wenn z. B. wichtige Anweisungen immer wieder auf den Displays erscheinen.

- ► **Aktuell informieren**
  Servicebriefings im Restaurant oder Salesbriefings im Hotelverkauf mit tagesaktuellen Hinweisen sind eine unverzichtbare Zeitinvestition der Führungskräfte in ihre Mitarbeiter, die sich schnell bezahlt macht.

- ► **Gut bezahlen**
  Wem hohe Umsätze zugunsten seines Arbeitgebers durch die Geldbörse laufen, wird eine Entlohnung nahe am Mindestlohn als Zumutung erleben und sich schwerlich so richtig für seine Firma „ins Zeug legen". Verkäufer verdienen gutes Geld – am besten mit erfolgsabhängigem Anteil.

Der Nächste bitte

Abfertigung wie am Fließband?

PRAXISBEISPIEL

Im Selbstbedienungsrestaurant im Erlebnisbad an einem regnerischen Sonntag: Es ist richtig voll, und nach einer Wartezeit von zehn Minuten in der Schlange nähert sich die Familie der Warmausgabe, wo die Verkäuferin sie mit einem zackigen „der Nächste!" zur Abgabe ihrer Bestellung auffordert. Die Familienmitglieder nennen ihre Wünsche – die Krakauer, die Pommes rot-weiß, das Schnitzel mit Bratkartoffeln und den Fleischkäse. Die Reaktion der Verkäuferin? – Geschäftiges Werkeln hinter der Theke, sonst nichts. Kein Blick, keine Wiederholung der Bestellung, kein Angebot von Pommes frites zur Wurst oder Spiegelei zum Fleischkäse. Den Abschluss bildet wieder ein „Der Nächste!" für die Gäste hinter ihnen. An der Kasse nicht anders: Da wird der Betrag genannt und auf die Karte gebucht – ohne eine Frage nach einem Getränk oder einem Schokoriegel oder gar ein Dankeschön oder ein „Guten Appetit". Fazit des 13-jährigen Sohns: „Die sind aber ganz schon unfreundlich hier!"

Aus Sicht des Mitarbeiterteams

Auf den Wetterbericht kann man sich auch nicht verlassen – jetzt hat es heute doch geregnet, und prompt ist der Andrang bei uns viel stärker. Dabei war nur die Sonnenbesetzung eingeteilt, wir sind also zwei Kollegen weniger. Jetzt heißt es rennen und konzentriert arbeiten, denn Schlangen mag der Chef gar nicht sehen. Für das ganze Drumherum mit einem Lächeln hier und einem Dankeschön dort haben wir heute keinen Kopf mehr. Zusätzliches bieten wir auch nicht an. Das kostet nur Zeit und macht die Schlange noch länger.

SERVICE-TIPP

Freundlichkeit ist immer gefragt – vor allem wenn es voll ist. Denn dann erleben viel mehr Gäste die aufmerksame Ansprache mit Ihrem Lächeln und sehen, dass Ihnen die Arbeit bei Hochbetrieb richtig Spaß macht! Lächeln kostet nichts, auch keine Zeit!

Der richtige Gruß spricht gerade dann an, wenn es voll ist. „Der Nächste" ist tabu. Am schnellsten geht „Und für Sie?" mit direktem, lächelndem Blickkontakt. Auch ein lächelndes „Hallo?" oder „Guten Tag?" oder „Was wünschen Sie?" funktioniert und gleicht eventuellen Ärger über die Wartezeit aus. Das gehörte Fragezeichen hinter dem Gruß lädt gleichzeitig zum Bestellen ein.

Verkaufen Sie! Konzentriert und gastorientiert! – Was könnte dieser Gast noch wünschen? Fragen wie „Mit Pommes frites?" oder „Ein Spiegelei darauf?" halten das kleine Gespräch aufrecht, signalisieren Aufmerksamkeit und erhöhen den Durchschnittsbon. Er hat kein Dessert

auf dem Tablett? – Dann passt die Frage: „Haben Sie unseren frischen Blechkuchen gesehen?". Deutlich gesprochen, gilt die Anregung gleich für den nächsten Gast in der Schlange mit.

Passen Sie Ihre Verkaufstaktung an die Gästenachfrage an:

▶ Wenn weniger los ist, sind kleine Gespräche ausführlicher.
▶ Wenn viel los ist, werden sie kürzer und konzentrieren sich auf das Wesentliche: Gruß, Wiederholung der Bestellung, ein bis zwei Zusatzangebote, Dank und Abschied.
▶ Wechseln Sie Ihre Zusatzangebote von Gast zu Gast, denn wenn der nächste dasselbe wie der Vorgänger hört, klingt das abgespult (und leicht abzockend).
▶ Je voller es ist, desto mehr Blicke, Lächeln und persönliche Ansprache sind gefragt. Dann wird Warten zu Unterhaltung und fühlt sich weniger wie verlorene Zeit an.
▶ Stellen Sie sicher, dass es vorwärts geht: Das ständige Aufrücken in der Schlange lässt Wartezeiten erträglicher werden.
▶ Überprüfen Sie Ihre Organisation: Was lässt sich in Vorbereitung und Verkaufsabläufen optimieren und beschleunigen?
▶ Wie können Sie Ihre Verkaufsbereitschaft steigern, also alles rechzeitig vorbereitet haben, damit Sie in der Hauptverkaufszeit nicht weglaufen und Nachschub holen müssen?

Kurz-Check „Verkaufsbereitschaft"

Alles „auf Start" im Selbstbedienungsrestaurant

	Checkpunkt	Erfüllt ✓	Nicht erfüllt	Maßnahme
1	Restaurant und Außenbereich sind ansprechend und richtig beleuchtet.	☐	☐	....
2	Verkaufsstationen sehen sauber, geordnet und einladend aus.	☐	☐	....
3	Das Angebot ist frisch, üppig und farbenfroh (z. B. ohne Trockenränder).	☐	☐	....
4	Behälter und Platten passen in der Größe zur Angebotsmenge.	☐	☐	....
5	Alles ist vorbereitet: ausreichend Geschirr, Besteck, Gläser an den Stationen, richtiges Vorlegebesteck, Servietten.	☐	☐	....
6	Auszeichnungen sind aktuell, sauber, anregend, korrekt, vollständig.	☐	☐	....
7	Heiße Gerichte haben mind. 65 °C Kerntemperatur, kalte max.10 °C.	☐	☐	....
8	Hinten ist alles sauber und aufgeräumt, Reinigungsmaterial nie im Gastblickfeld.	☐	☐	....
9	Mitarbeiter tragen saubere, komplette Arbeitskleidung.	☐	☐	....
10	Mitarbeiter sind gut informiert und jederzeit ansprechbar.	☐	☐	....
	Summe			....
	Ergebnis in Prozent (Summe x 10)	☐	☐	....

Das wollen wir verbessern:

....

....

....

Ja bitte?

PRAXISBEISPIEL

Bestellabfrage nach Schema F

Das Pärchen hat sich entschlossen, heute Abend im Martinskeller zu essen. Beide haben die Karte studiert und gerade abgelegt. Daraufhin kommt die Bedienung zum Tisch und fragt: „Ja bitte?". Der Mann bestellt den Lammrücken und wird mit den Worten unterbrochen: „Keine Vorspeise? Bitte zuerst die Vorspeisen." Irritiert antwortet er: „Nein danke, keine Vorspeisen." Seine Partnerin ergänzt ihre Bestellung, das geräucherte Forellenfilet, was die Reaktion hervorruft: „Also doch Vorspeisen!" Trotz wachsender Irritation über diese „Rechthaberei" bleiben beide höflich, und die Frau erklärt: „Ich nehme nur das Forellenfilet, das reicht mir heute Abend. Vielen Dank." Die Bedienung notiert die Bestellung und verlässt den Tisch mit einem gemurmelten „Danke".

Aus Sicht der Bedienung
Ihr ist nichts aufgefallen, für sie war das ein normaler Ablauf.

SERVICE-TIPP

Zuhören und Gäste nicht unterbrechen. Wenn sie ausgesprochen haben, können Sie Fehlendes oder Unklares hinterfragen und Zusätzliches anbieten, hier z. B. einen Beilagensalat und weitere Getränke zum Essen.

Gäste beraten und nicht belehren. Das gilt besonders im Verkauf. Belehrungen irritieren den Gast und hemmen seine Kauflust erheblich. Das kostet Umsatz.

Interne Prozesse unsichtbar halten. Wenn Sie lieber zuerst Vorspeisen aufnehmen, können Sie das über Fragen lenken: „Guten Abend, Sie haben etwas ausgewählt? Was darf ich Ihnen als Vorspeise bringen?" statt „Ja bitte?" (diese Aufforderung gehört auch in die Tabu-Tonne). Wenn der Gast dann verneint, erfragen Sie weitere Wünsche für den nächsten Gang. Also:

▶ Vergessen Sie den Gruß nicht, auch wenn es der vierzigste Gast an diesem Abend ist. Auch er macht sein Portemonnaie für Ihr Restaurant auf, wovon letztlich auch Sie bezahlt werden. Grund genug für Gruß, „Bitte", „Danke" und „Guten Appetit".

▶ Sammeln Sie in kleinen Mitarbeitertrainings unterschiedliche Einstiege in Verkaufsgespräche und vielfältige Abschlussformeln. Dann können Sie damit spielen.

▶ Machen Sie das Gleiche mit möglichen Verkaufsfragen: Legen Sie sich auch dafür ein Repertoire zu und prüfen Sie, wie die Formulierungen für Ihre Gäste klingen – angenehm, sympathisch, einladend ...?

▶ Hören Sie aufmerksam zu. Zeigen Sie das in Ihrer Körperhaltung, Ihrer Mimik und den gemurmelten Verstärkern wie „Ja", „Schön", „Der Lammrücken mit den grünen Bohnen, ja" ...

„Verkaufsgespräche"

Einstiegs- und Abschlussformulierungen im Restaurant

Minuten	Inhalt, Methode und Hilfsmittel
0'	Einstieg „Wir schauen uns heute unsere Verkaufsgespräche an und sammeln verschiedene Möglichkeiten, um das Gespräch zu beginnen und abzuschließen. Damit klingen wir für unsere Gäste nicht wie eine ‚Schallplatte', die immer wieder dasselbe abspielt." **Einstieg ins Verkaufsgespräch** *(bitte zuschneiden auf Ihren Arbeitsbereich):* *Frage:* *„Welche Einstiegsformulierungen nutzt ihr heute?"* Antworten sammeln. Wenn hier schon wenig Vielfalt auffällt, darauf hinweisen.
2'	*Frage:* *„Welche Möglichkeiten fallen euch ein, um hier abwechslungsreicher zu werden? Wie können wir das Gespräch beginnen, wenn wir eine bestimmte Reihenfolge in der Bestellung haben möchten, z. B. Vorspeise, Hauptgericht, Dessert?* Beispiele sammeln und evtl. ergänzen: ▶ „Sie haben gewählt, was darf ich Ihnen als Vorspeise bringen?" Oder: „Was darf es für Sie sein, haben Sie sich schon für eine Vorspeise entschieden?" Oder: „Haben Sie sich entschieden, welche Vorspeise es sein darf...?" Beispiele auf einem Block oder besser für alle sichtbar auf einem Flipchart mitschreiben.
6'	Abschluss im Verkaufsgespräch: *Frage:* *„Jetzt spielen wir dasselbe noch einmal für den Gesprächsabschluss durch. Hier ist ein schlichtes ‚Danke' das Minimum, aber es geht sicher noch mehr."* Antworten sammeln und evtl. ergänzen: ▶ Schön, Sie hätten also gern als Vorspeise ... und dann das ... Für Sie darf es das ... sein, dass wir Ihnen mit dem Hauptgericht servieren. Vielen Dank. Oder: Ja, gerne, das ist eine gute Wahl, das kann ich Ihnen auch sehr empfehlen. Ich danke Ihnen. Oder: Vielen Dank, da haben Sie sich einen guten Tropfen ausgesucht ... Beispiele wiederum auf dem Flipchart mitschreiben.

Minuten	Inhalt, Methode und Hilfsmittel
10'	**Zusammenfassen und vereinbaren:** „Wir haben jetzt Beispiele für Formulierungen gesammelt." ▶ Einmal im Zusammenhang nennen. „Wir hängen die Flipcharts im Office aus. Probiert bitte die Varianten aus und spielt damit. Ihr könnt es ja auch untereinander im Rollenspiel üben. Herzlichen Dank!"

GÄSTE BERATEN
NICHT BELEHREN

Oh, da muss ich fragen

Wissen fördert Verkaufserfolge

PRAXISBEISPIEL

Das Stadthaus zur Mittagszeit. Die Kollegengruppe des nahe gelegenen Bürohauses ist gemeinsam zum Essen gekommen und will bestellen. Einer fragt nach der Tagessuppe und bekommt die Antwort: „Oh, ich bin gerade erst gekommen, da muss ich in der Küche fragen!" Doch der Gast meint: „Nein, lassen Sie mal, wir haben sowieso wenig Zeit." Und bestellt das Hauptgericht.

Aus der Sicht der Mitarbeiterin

Ich war heute etwas spät dran. Aber es ist doch auch ganz normal bei Tagesangeboten erstmal nachzufragen. Woher soll ich das denn sonst wissen?

SERVICE-TIPP

Fragen Sie nach – aber vor Servicebeginn. Wenn die Küche Sie nicht in einem Servicebriefing informiert (was der bessere Weg ist, siehe Seite 40/41), sind solche Informationen Ihre „Holschulden".

Bieten Sie die Tagesangebote aktiv in eigener Initiative an. „Guten Tag, was darf ich Ihnen bringen? Wir haben heute ..." Das macht Ihr Angebot lebendig, auch wenn der Gast etwas ganz anderes wählt.

Ihr Wissen zeigt Wertschätzung für den Gast. Wenn Sie sich für Ihre Gäste informiert haben, merken diese: „Ich bin der Bedienung wichtig!"

Sie verkaufen also am besten, wenn Sie
- ▶ persönlich und gekonnt in das Verkaufsgespräch einsteigen
- ▶ aktiv anbieten, was Sie haben
- ▶ Bescheid wissen – auch über Tagesangebote oder über Zutaten
- ▶ Auskunft geben können über Zusatzstoffe und Allergene
- ▶ das alles aufmerksam und mit dem berühmten Lächeln schaffen!

Ich habe da einen besonderen Tropfen

PRAXISBEISPIEL

Empfehlen ja – abzocken nein!

Die Runde hat die Speisen bestellt, jetzt will der Gastgeber einen Wein auswählen und fragt den Kellner nach seiner Empfehlung. Dieser schaut noch mal auf die Bestellungen und meint dann: „Da hätte ich einen sehr guten Rosé, der zu allen Gerichten passt und jetzt im Sommer auch schön frisch ist …" Das scheint eine gute Idee zu sein, der Wein wird bestellt und gefällt allen so gut, dass drei weitere Flaschen folgen. Der Schock kommt mit der Rechnung: Die Flasche kostet 95 Euro, der Wein allein also schon fast 400 Euro! Der Gastgeber ist empört. Das bekommt er nie durch seine Spesenabrechnung.

Aus Sicht des Kellners

Ich lebe vom Umsatz, und wenn mich Gäste nach meiner Empfehlung fragen, suche ich etwas Gutes aus – und das kostet. Das macht der Oberkellner genauso, wir wollen ja unsere Top-Angebote verkaufen.

SERVICE-TIPP

Verkaufen Sie fair. Bieten Sie Alternativen, z. B. aus dem preislichen Mittelfeld und einer Toplage. Machen Sie die unterschiedlichen Eigenschaften in Ihrer Beschreibung deutlich – beispielsweise mit Attributen wie „solide", „gut", „sehr beliebt" für das eine und „sehr gut", „ganz besonders" oder „top" für das andere.

Machen Sie Preise transparent. Nennen Sie die Preise oder zeigen Sie die Alternativen auf der Karte. Damit überlassen Sie dem Gastgeber die bewusste Entscheidung über seine Kosten, behandeln ihn mit Respekt und vermeiden böse Überraschungen.

Denken Sie daran: Ihr Gast soll wiederkommen. Wer sich abgezockt fühlt, wird sich diese Erfahrung kein zweites Mal gönnen wollen.

Das ist ein Thema für die Führungs-Crew:
- ▶ Machen Sie diese Philosophie Ihren Mitarbeitern immer wieder deutlich: Wertig verkaufen ja – wie wertig, das entscheiden unsere Gäste.
- ▶ Überprüfen Sie regelmäßig, wie Ihre Mitarbeiter das handhaben. Sprechen Sie mit den Verkaufsmitarbeitern, bei denen Sie eine übertriebene Umsatzorientierung vermuten.
- ▶ Sprechen Sie als Führungskraft regelmäßig in der Verabschiedung mit Ihren Gästen und fragen Sie gezielt nach ihrer Zufriedenheit mit den Speisen, Getränken, dem Service. Das ist Ihre Chance, Lob und auch kritische Anmerkungen aus erster Hand zu erfahren.

„Empfehlen"

Was empfehlen wir wie?

Minuten	Inhalt, Methode und Hilfsmittel
0'	*Einstieg* *„Wir haben gute und vielfältige Angebote für unsere Gäste. Es liegt bei uns, sie zu präsentieren und zu empfehlen. Heute wollen wir das üben, damit wir alle sicher und gut damit umgehen können."* **Empfehlungen generell** *Frage:* *„Was gilt für Empfehlungen generell? Worauf achtet ihr immer, wenn ihr eine Empfehlung gebt?"* Antworten sammeln und evtl. ergänzen: ▶ Die Empfehlung muss: – zum Gastwunsch passen (im Restaurant eher exotisch oder eher bodenständig, eher leicht oder eher deftig, eher exquisit oder eher schlicht, im Hotel eher entspannend oder eher anregend, eher business-like oder wellness-orientiert …), – ansprechend und anschaulich – aber auch ehrlich – beschrieben werden, – mit einem Nutzen für den Gast verbunden sein, „Das kitzelt den Gaumen, das macht so richtig Appetit auf mehr, das wirkt sehr schön entspannend, das macht Spaß und ist amüsant… – im Wert nicht zu hoch angesiedelt sein – oder wir weisen klar darauf hin.
4'	**Gute Empfehlungen bei uns** *Aufgabe:* *„Ich habe hier unsere Karte/die Übersicht unserer Wellnessangebote (oder was es sonst an Angeboten gibt) mitgebracht. Bitte sucht euch zu zweit oder zu dritt ein Angebot aus und überlegt euch, wie ihr das einem Gast empfehlen könnt.* Je zwei bis drei Mitarbeitern die Speisekarte/die Weinkarte/ein Hotelprospekt … in die Hand geben und sie zunächst für sich formulieren lassen.
6'	Antworten sammeln und das Verfahren für weitere ihnen wichtige Angebote wiederholen. Stichworte zur Beschreibung verschiedener Angebote auf dem Flipchart mitschreiben.

Minuten	Inhalt, Methode und Hilfsmittel
10'	**Zusammenfassen und vereinbaren** „Wir haben jetzt Beispiele für Formulierungen gesammelt." ▶ Einmal im Zusammenhang nennen. „Wir hängen die Flipcharts im … aus. Probiert die Anregungen bitte aus und nutzt verschiedene Formulierungen. Herzlichen Dank!"

Entschuldigung

Eine Unterbrechung folgt der nächsten

Beim Auschecken an der Rezeption möchte der Geschäftsgast gleich für das nächste Mal buchen und hat dies der Mitarbeiterin auch mitgeteilt. Doch bei ihr schellt das Telefon, das sie mit einem freundlich gemurmelten „Entschuldigung" annimmt und die hier ankommende Reservierung aufnimmt. Nach dem Telefonat beginnt sie die neue Buchung einzugeben und hat gerade das entsprechende Fenster im PC aufgerufen, als ein Kollege von der Seite kommt und meint: „Wie ist das heute Abend mit der Fußballübertragung? Welchen Tagungsraum haben wir dafür vorgesehen?" – „Oh, das muss ich nachfragen", meint sie und tut das auch sofort mit einem neuerlichen Telefonat. Jetzt ist der abreisende Gast sauer, nimmt seine Unterlagen und verlässt das Haus mit den Worten: „Sie bekommen eine Mail von mir!"

Aus Sicht der Rezeption

Zeit hat hier niemand. Ich kann auch nichts dafür, wenn wir alles machen sollen, einchecken, auschecken, Reservierungen annehmen, Telefon bedienen, einfach alles.

Immer erst einen Gastkontakt abschließen. Sie gewinnen keine Zeit, wenn Sie von einer Aufgabe zur nächsten und wieder zurück springen. Aber Sie verärgern damit Ihren aktuellen Gast und gefährden Verkaufserfolge.

Der persönliche Kontakt hat Vorrang vor dem telefonischen. Wenn das Telefon schellt und niemand anderes das Gespräch annehmen kann: Antworten, freundlich begrüßen und mit Worten wie „Ich bediene gerade den Gast vor mir zu Ende, dann bin ich für Sie da, ja?" in die Warteschleife legen (dort aber nicht vergessen!). Anschließend für die Geduld danken.

Intern diszipliniert handeln. Kollegen im Gastkontakt nicht unterbrechen und sich nicht unterbrechen lassen:
- Sich gegenseitig am Telefon unterstützen.
- Kurz signalisieren: „Ich brauche Dich gleich mal kurz" ..., „Kannst Du mir gleich mal helfen ...", „Ich brauche Dich gleich für einen Storno ...", „Da ist ein Telefongespräch für Dich, kann ich für Dich hier weiter machen?"
- Die Organisation überprüfen. Hilft eine andere Telefontechnik, ein anderer Mitarbeitereinsatz oder eine andere Aufgabenverteilung weiter? Dann Neues ausprobieren!
- Auf jeden Fall: Den verärgerten Gast zeitnah anrufen, sich entschuldigen und die Buchung aufnehmen (auch damit er nicht wo anders reserviert).

Kurz-Check „Mitarbeiterauftritt"

Alles proper?

	Checkpunkt	Erfüllt ✓	Nicht erfüllt	Maßnahme
1	Alle Mitarbeiter zeigen offenen Blick und freundliche Mimik.	☐	☐	....
2	Alle Mitarbeiter im Gastkontakt sind jederzeit ansprechbar.	☐	☐	....
3	Für jeden hat das Gastgespräch Vorrang vor internen Dingen.	☐	☐	....
4	Alle Mitarbeiter sind aktiv und hilfsbereit, wo immer möglich.	☐	☐	....
5	Jeder Mitarbeiter grüßt Gäste, denen er begegnet.	☐	☐	....
6	Im Gastkontakt hat das Gespräch Vorrang vor einem Telefonat.	☐	☐	....
7	Jeder Mitarbeiter zeigt ein gepflegtes Erscheinungsbild (Haare frisch, Make-up dezent/sauber rasiert/Bart gestutzt, Fingernägel gepflegt/natürlich, Parfüm/Deo dezent).	☐	☐	....
8	Mitarbeiter im Gastkontakt: keine auffälligen Piercings/Tattoos sichtbar.	☐	☐	....
9	Jeder Mitarbeiter trägt komplette, saubere Arbeitskleidung.	☐	☐	....
10	Jeder weiß, dass er für den Gast arbeitet, auch hinter „den Kulissen".	☐	☐	....
	Summe			....
	Ergebnis in Prozent (Summe x 10)	☐	☐	....

Das wollen wir verbessern:

....

....

....

Ich will doch nur zahlen

Prioriäten setzen

PRAXISBEISPIEL

Nachmittags in ruhiger Zeit im SB-Restaurant. Eine Sekretärin ist mittags nicht zum Essen gekommen und springt jetzt schnell herein, um sich noch etwas Warmes zu gönnen. Sie hat sich für Schnitzel mit Bratkartoffeln und Salat sowie einen heißen Tee entschieden. Damit steht sie jetzt an der Kasse, die leider unbesetzt ist. Auf ihr „Hallo" meldet sich erst einmal niemand. Sie trommelt mit den Fingernägeln auf die Tablettrutsche und schaut sich um, bis sie eine Mitarbeiterin am Salat-Büfett entdeckt, die dort sauber macht. „Ich möchte zahlen", ruft sie in ihre Richtung. „Ich komme gleich", lautet die Antwort. Das stimmt auch, doch „gleich" bedeutet augenscheinlich nach dem Putzen.

Aus Sicht der Mitarbeiterin

Ich bin auch für die Sauberkeit der Speisen- und Getränketheken und -büfetts verantwortlich. Im Hauptbetrieb schaffe ich das kaum, also muss ich es jetzt gegen drei Uhr erledigen. Aber auch jetzt kommen immer einzelne Gäste, die es dann ganz eilig haben, sodass ich wie ein Hase hin und her springen könnte. Das habe ich aufgegeben. Ich mache eine Arbeit zu Ende, und dann kassiere ich wieder.

SERVICE-TIPP

Sie machen Ihr Geschäft letztlich mit dem Geld des Gastes. Also hat Kassieren eine hohe Priorität (bitte nicht „Abkassieren", das klingt abwertend!).

Setzen Sie Ihre Werte in eine Rangfolge. Natürlich ist alles wichtig. Doch manches ist wichtiger als anderes – besprechen Sie das immer wieder im Team:

▶ **Sicherheit** steht ganz oben. Ohne Sicherheit für Gast und Mitarbeiter ist alles nichts: Ein Unfall wegen eines rutschigen Bodens, unzureichender Beleuchtung oder zugestellter Fluchtwege, eine Verbrennung wegen eines Defekts an der Kaffeemaschine oder zu heißer Stiele beim Vorlegebesteck verletzen die grundlegenden Anforderungen Ihrer Gäste – dahinter ist kein Genuss mehr möglich. Diese Konsequenz gilt auch für erfüllte **Hygieneanforderungen**.

▶ **Freundlichkeit** folgt als zweites. Höfliche und respektvolle Behandlung ist das Mindeste, natürliche Freundlichkeit baut darauf auf, aufrichtige Herzlichkeit ist dann die Spitze. In der Schnellverpflegung und im typischen Mittagsgeschäft kommt dann **Schnelligkeit** hinzu.

▶ **Sauberkeit** folgt auf dem Fuße. Das gilt für die optische Sauberkeit und Ordnung genauso wie die oben schon angesprochene tiefergehende Hygiene.

► Weitere Standards folgen in der Wertigkeit. Die wichtigsten sind **Kompetenz** (z. B. das Handwerk beherrschen, auskunftsfähig sein, effizient arbeiten ...) und **Kollegialität** intern im Team.

Kassieren gehört in die Rubrik Freundlichkeit. Wenn also nicht die „Hütte brennt", kassieren Sie am besten zuerst! Das gilt auch im Bedienungsrestaurant oder beim Auschecken im Hotel, alles andere frustriert Ihre Gäste.

SETZEN SIE IHRE WERTE IN EINE RANGFOLGE!

Haben Sie 2,30 Euro klein?

Wechseln können, aber kein Kleingeld entsorgen

Kassieren in der Marstallstube im Hotel: Der Gastgeber einer Seminarrunde soll 52,30 Euro zahlen und legt einen 50-Euro- und einen 10-Euro-Schein auf den Guest Cheque. Die Frage nach dem Kleingeld kommt wie aus der Pistole geschossen, was dem Gast unangenehm ist. Seine klare Antwort: „Nein!" Daraufhin verschwindet die Bedienung in den hinteren Räumen, kommt nach einer Weile wieder und gibt das Restgeld in kleinen Münzen zurück.

Aus Sicht der Bedienung

Heute haben alle wieder großes Geld. Wir bekommen nur 50 Euro Wechselgeld und das ist dann irgendwann zu Ende. Das war eben der Fall. Im Büro habe ich auf die Schnelle auch nur ganz kleines Geld bekommen; das hat dem Gast, glaube ich, nicht gefallen.

Wechselgeld gehört in die Profi-Geldtasche. Also ausreichend Wechselgeld besorgen oder rechtzeitig wechseln. Sonst wartet der Gast unnötig lange, ohne dafür eine Gegenleistung zu bekommen.

Nicht plump und strategisch „Tipps tanken". Wenn das auffällt, wehren sich Gäste und verweigern das Trinkgeld. Was bleibt, ist ein schaler Geschmack im Mund – und das als letzter und bleibender Eindruck!

Unliebsame Münzen nicht dem Gast unterschieben. Sicher ist Geldzählen nach Arbeitsende ohne Kupfergeld einfacher und schneller. Aber die wenigsten Gäste schätzen es in Portemonnaie und Hosentasche. Also: Kleingeldreste nicht auf dem Wechselgeldteller entsorgen!

Das stimmt nicht!

Standards schaffen Sicherheit – aber nicht zu Lasten des Gastes

Check-out im Hotel La Villa, ein Ehepaar will zahlen, erhält die Rechnung über 123 Euro und legt Banknoten auf die Theke. Die Mitarbeiterin nimmt das Geld, steckt es in die Geldschublade und zählt vor dem Paar 27 Euro auf die Theke zurück. Umgehender Protest der Frau: „Das waren zwei Hunderter!" Unsicher-verlegenes Schweigen – das Geld liegt in der Kasse und ist nicht mehr nachprüfbar.

Doch damit nicht genug. Die Rezeptionschefin kommt dazu und erklärt freundlich-bestimmt: „Das tut mir jetzt leid und sollte auch nicht passieren. Die Mitarbeiter wissen, dass sie erst das Geld herausgeben und dann das Gastgeld einsortieren sollen. Doch das kläre ich später. Was Sie jetzt angeht: Wir machen mit Ende der Schicht einen Kassensturz, dann sehen wir, wenn 50 Euro zu viel in der Schublade sind. Wir informieren Sie dann umgehend und überweisen es Ihnen, wenn Sie bitte dieses Formular mit Ihren Daten und Ihrer Kontonummer ausfüllen ..."
Beiden Gästen hat es die Sprache verschlagen, bis sie sich energisch wehren. Die Situation eskaliert, und erst der Hoteldirektor kann die Wogen glätten, indem er die Differenz auszahlt.

Aus Sicht der Rezeption
Bei uns sind Standards definiert, die es einzuhalten gilt!

Der Standard ist richtig. Setzen Sie ihn um, indem Sie immer wieder an das richtige Vorgehen erinnern, vor allem, wenn Sie die Handhabung anders beobachtet haben. Schauen Sie als Führungskraft nicht darüber hinweg, das holt Sie und Ihre Gäste mit Negativerlebnissen ein.

Stärken Sie Ihren Mitarbeitern vor dem Gast den Rücken. Bohren Sie zumindest nicht in der Wunde eines Fehlers. Er ist passiert – das Gespräch mit ihm oder ihr können Sie mit einer Zielvereinbarung für die Zukunft in Ruhe führen, wenn der Gast zufriedengestellt und gegangen ist.

Zahlen Sie in einem solchen Fall das Geld aus. Der Fehler ist auf Ihrer Seite passiert, und der Gast hat sofort reklamiert. Zudem kosten Sie zu Unrecht ausgegebene 50 Euro weit weniger als eine vernichtende Kritik in einem Bewertungsportal.

Kurz-Check „Kassieren"

Korrekt, schnell, freundlich an der Kasse im SB

	Checkpunkt	Erfüllt ✓	Nicht erfüllt	Maßnahme
1	Wir besetzen eine Kasse, sobald sich ein Gast dort zeigt.	☐	☐	....
2	Wir begrüßen jeden Gast mit einem kurzen Gruß und einem Blick.	☐	☐	....
3	Wir bonieren jeden Artikel.	☐	☐	....
4	Wir nennen freundlich in einem ganzen Satz den Gesamtbetrag.	☐	☐	....
5	Wir legen das Gastgeld zunächst immer außerhalb der Kasse ab.	☐	☐	....
6	Wir zählen das Wechselgeld mit einem freundlichen Blick vor.	☐	☐	....
7	Wir sortieren Geldscheine anschließend in die Kasse ein.	☐	☐	....
8	Kartenzahlung: Wir reichen vorbereitetes Lesegerät mit freundlicher Bitte um Bestätigung oder Geheimzahl.	☐	☐	....
9	Wir wenden uns immer ab, wenn der Gast die Geheimzahl eingibt.	☐	☐	....
10	Wir übergeben sämtliche Belege immer mit einem freundlichen „Danke" und einem guten Wunsch für den Tag.	☐	☐	....
	Summe			....
	Ergebnis in Prozent (Summe x 10)	☐	☐	....

Das wollen wir verbessern:

....
....
....
....

Welche Wurst gibt es jetzt?

PRAXISBEISPIEL

Veränderung ja, Verunsicherung des Gastes nein

Hier im Kiosk am Bahnhof ist immer etwas los. Es geht schnell durch den hohen Umschlag und die vielen und fixen Verkäuferinnen, die Wurst ist lecker und die Brötchen sind knusprig. Doch heute geht es nicht vorwärts. Da steht das Schild: „Unter neuer Leitung". Auch die beleuchteten Angebotsschilder oben sind neu – schön bunt, scheinbar gibt es jetzt mehr? Aber die kleine und dichte Schrift ist schwer zu lesen. Speisen und Getränke sind auch gemischt. Auf die Schnelle findet der Stammgast nicht seine Lieblingswurst und eilt weiter, um seinen Zug nicht zu verpassen.

Aus Sicht des neuen Pächters

Ich habe den Kiosk zum Monatswechsel übernommen. Die Umsätze des Vorgängers waren sehr gut – er hat aus Altersgründen aufgegeben. Im Hinblick auf den zukünftigen Erfolg habe ich investiert: In neue Kassen, in eine neue Kühlung und neue Werbeschilder, die ein befreundeter Grafiker entworfen hat. Wenn ich die Arbeit mit meiner Frau alleine mache, müsste ja auch bald etwas Geld übrig bleiben.

SERVICE-TIPP

Lernen Sie von den Erfolgreichen: Ein paar Fragen nach dem Motto: „Wie schaffen Sie so gute Umsätze?", „Worauf soll ich besonders achten?", „Wann kommen die meisten Gäste?", „Welche Fehler muss ich vermeiden?" geben Antworten in die richtige Richtung – nicht nur bei einer Übernahme. Auf Neudeutsch heißt das „Benchmarking".

Sorgen Sie für angepasste Verkaufsbereitschaft. Nicht umsonst ist die Zahl der „POS" (Points of Sales oder Kassen-/Verkäuferanzahl) eine wichtige Kennzahl im Profi-Verkauf. Sie entscheidet gerade in Andrangzeiten darüber, wie viele Gäste bedient werden können (und wie viele vielleicht unverrichteter Dinge weggehen oder sich über lange Wartezeiten ärgern). Das heißt, sie entscheidet über Ihren Umsatz.

Gestalten Sie Ihre „Auslobung" mit Profis. Denn Angebotsinformation ist Service! Gute Angebotsinformation orientiert und regt an.

Wichtig:
- ▶ Große Schrift mit Leerzeilen dazwischen.
- ▶ Eine (maximal zwei) sympathische Farben, die das Wichtigste hervorheben.
- ▶ Zusammen aufführen was inhaltlich zusammengehört.
- ▶ Bebildern Sie was Sie besonders verkaufen wollen.
- ▶ Nichts ab- oder überkleben, das wirkt immer ein bisschen armselig. Lieber Folien neu drucken lassen.

- ► Wechselnde oder Kurzzeitangebote gehören auf Tafeln, die Sie selbst erstellen können (am besten z. B. Computerausdruck in Acrylscheiben/-aufsteller einschieben).
- ► Handschriftlich nur, wenn Tafel, Stifte und Schrift professionell sind.

ERFOLG REICHEN

LERNEN
Sie von den

Igitt, sieht das in der Küche auch so aus?

PRAXISBEISPIEL

Die Speisekarte ist Ihre Visitenkarte

Reisende nehmen Platz am Tisch im Bahnhofsrestaurant. Das ist renoviert und wirkt viel moderner und einladender als früher. Das Angebot steht auf Karten in einem Ständer auf dem Tisch. Einer aus der Gruppe zieht eine heraus und legt sie schnell wieder aus der Hand: Sie klebt und ist an den Rändern ganz aufgequollen und braun. Die Gruppe macht sich darüber lustig, bis einer sagt: „Ob die Töpfe in der Küche genauso sauber sind?"

Die Reisenden stehen Kopf schüttelnd auf und holen sich einen Snack beim benachbarten Bäcker.

Aus Sicht des Restaurantleiters
Es ist ärgerlich, dass die Mitarbeiter die Karten wieder nicht abgewischt haben. Austauschen kann man die nicht dauernd, die kosten richtig Geld.

SERVICE-TIPP

Prüfen Sie Ihre Karten täglich und tauschen Sie sie bei Bedarf aus.
Verlorene Gäste kosten viel mehr Geld! Bei vier Reisenden und einem Durchschnittsbon von angenommenen acht Euro war das hier ein Umsatzausfall von 32 Euro – das hätte ein Deckungsbeitrag von fünf Euro werden können, also sicher mehr als die Kosten für eine Speisekarte aus Karton.

Nehmen Sie Ihre Führungsaufgaben wahr. Kontrolle gehört dazu und ist letztlich nicht delegierbar. Ihr persönlicher Blick auf die einzelnen eingehaltenen Standards bringt Ihnen die Sicherheit, dass alles passt. Das ist viel verlangt, aber notwendig. Praxiserfahrungen zeigen immer wieder, dass Gäste nur zufrieden sind, wenn sie mehr als 80 Prozent der Dienstleistung als gut bis sehr gut einstufen.

Gehen Sie systematisch vor:
- ▶ Erstellen Sie bebilderte Standards und/oder Checklisten für das, was der Gast sieht, wie auch für die rückwärtigen Bereiche.
- ▶ Setzen Sie diese Arbeitshilfen regelmäßig für Checks ein – manche täglich, manche etwa viermal jährlich: als Selbst-Checks durch Mitarbeiter oder Teamleiter und als Check durch Sie als Führungskraft, am besten gemeinsam mit dem verantwortlichen Teamleiter.
- ▶ Nehmen Sie die Checkergebnisse als Anlass für Verbesserungen, Qualitäts-Coachings und Trainings on the Job, keinesfalls als Ausgangspunkt für disziplinarische Maßnahmen. Denn mit überdeutlicher Kritik setzen Sie das Instrument außer Gefecht.

Kurz-Check „Visueller Eindruck"

Mit den Augen des Gastes

	Checkpunkt	Erfüllt ✓	Nicht erfüllt	Maßnahme
1	Der Gesamteindruck für den Gast ist geordnet, sauber und einladend.	☐	☐	....
2	Böden, Ablageflächen und Scheiben sind sauber und staubfrei.	☐	☐	....
3	Sämtliche Beleuchtung funktioniert – außen und innen.	☐	☐	....
4	Info-Material für den Gast ist sortiert und aufgefüllt.	☐	☐	....
5	Angebotstafeln sind aus einem Guss, aktuell und übersichtlich.	☐	☐	....
6	Speisekarten und Aufsteller sind aktuell, intakt, sauber und ansehnlich.	☐	☐	....
7	Tische sind gleich eingedeckt und dekoriert, Menagen gefüllt und sauber.	☐	☐	....
8	Servicestationen und einsehbare Flächen sind aufgeräumt und vorbereitet.	☐	☐	....
9	Sämtliche Dekoration ist staubfrei, frisch und jahreszeitlich passend.	☐	☐	....
10	Gardinen und sonstige Fensterdekoration ist sauber, intakt und farbfrisch.	☐	☐	....
	Summe			....
	Ergebnis in Prozent (Summe x 10)	☐	☐	....

Das wollen wir verbessern:

....

....

....

....

Da tanzt der Bär

Verkauf bei Hochbetrieb

Freitagnachmittag am Flughafen einer Metropole: die Menschen drängeln sich. Das überregionale Volksfest trägt ganz heftig zum Reiseverkehr bei. Im großen Restaurant direkt hinter der Sicherheitskontrolle brummt es auch, alle Plätze sind besetzt. Da sieht eine Bedienung einen Gast, der schon häufiger hier war, im Eingang stehen und winkt ihm zu: „Kommen Sie hier herüber. Beim Kollegen wird gerade etwas frei!" Der Gast nimmt das Angebot gerne an, allerdings etwas unsicher, ob er es in den 20 Minuten bis zum Einchecken schaffen wird zu bestellen, zu verzehren und zu bezahlen.

Er schafft es locker, Würstchen und Getränk sind in drei Minuten bestellt, das Bier kommt sofort, die Wiener folgen auf dem Fuße – und das alles in gewohnt guter Qualität und herzlichem Service, ohne Hetze.

Die Bezahlung klappt genauso prompt, trotz Schichtwechsel in der Zwischenzeit.

Aus Sicht des Serviceteams

Wir sind eine gut eingespielte Truppe und haben den Trubel im Griff. Klar sind wir auch glücklich darüber, dass der Tag so gut läuft. Dass wir dann strahlen und gut drauf sind ist ja klar. Dabei machen wir einen super Umsatz und haben Gäste mit fröhlichen Gesichtern, die bei ihrem nächsten Abflug von hier gewiss gerne wiederkommen.

Inszenieren Sie Ihren Hochbetrieb als Event. Ihre Gäste freuen sich über das Erlebnis. Sie freuen sich über den schnellen Umsatz und Ihre Mitarbeiter freuen sich über die gute Stimmung und den Erfolg.

Dort bleiben wir gerne länger

Ein super Verkauf schafft Freunde

Drei Sportsfreunde wollen den ersten Schnee genießen und planen ein Skiwochenende. Der Job war anstrengend in den letzten Wochen, und so denken sie an ein gutes Drei-Sterne-Hotel mit Sauna und etwas Nachtleben im Umkreis.

Einer hat die Reservierung übernommen und sich in Stichworten notiert, was er alles klären will. Aus dem Internet hat er am Wunschort drei anscheinend passende Häuser mit guten Bewertungen ausgewählt, die er jetzt anruft.

Welch eine Überraschung, gleich beim ersten wird er fündig. Die nette Frau am Telefon weiß ihr Haus zu verkaufen – mit ein bisschen Flirtfaktor und Charme, vor allem aber mit solidem Wissen und guter Argumentation:

► „Wollen Sie bei Ihrer langen Anreise nicht lieber fünf Tage bleiben? Da hätte ich vor dem 20. Dezember ein attraktives Arrangement für Sie, z. B. mit Doppelzimmern in Einzelzimmerbelegung. Und Sie haben doch bestimmt noch ausreichend alten Urlaub, oder?"

► „Ich kann Ihnen auch eine Pauschale inkl. Parkplatz, Frühstück, Hüttenjause, Skipass, Sauna und zwei Massagen anbieten. Unsere Masseurin ist sehr gut. Würde Sie das interessieren?"

► „Wir haben selbst eine Après-Ski-Hütte am Haus, die große Feierscheune ist nur wenige Minuten entfernt. Das gleiche gilt für Bars und Discos, falls Sie abends noch um die Häuser ziehen wollen."

► „Hätten Sie vielleicht Interesse an einer geführten Skitour, wenn die Schneeverhältnisse mitspielen? Mein Bruder würde Sie sicher gerne und gut führen."

In diesem Stil geht das Gespräch weiter. Kurze Zeit später ist das schriftliche Angebot im E-Mail-Account des Anrufers. Am selben Abend mit den Freunden abgestimmt und bestätigt. Die Vorfreude ist groß – und sie war auch berechtigt, wie die Erfahrung im fünftägigen Kurzurlaub vor den Feiertagen dann zeigte.

Aus Sicht der Verkäuferin

Es macht mir richtig Spaß am Telefon zu beraten. Der Anrufer klang sehr sympathisch und es ist doch selbstverständlich, dass ich gerne unsere besonderen Angebote erwähne. Der Gast war augenscheinlich zufrieden. Er hat dann das große Pauschalangebot genommen – für drei Personen.

Schätzen Sie Ihre Gäste ein: Die Freunde in diesem Fall waren offensichtlich nicht ganz knapp bei Kasse, wollten aber Spaß im soliden Rahmen.

Lassen Sie Ihren Humor mitspielen. Spaß darf sein. Wer lacht, ist eher in Kauflaune und – wer lacht, kann nicht kämpfen. Wer dabei als Verkäufer sorgsam auf die Reaktion seines Gegenübers achtet, merkt, wie dieser den Scherz aufnimmt und wie er weiter mit ihm kommunizieren kann.

Packen Sie Zusätzliches möglichst in Nutzenargumente. Dann zählt der zusätzliche Wert oft mehr als die zusätzlichen Kosten.

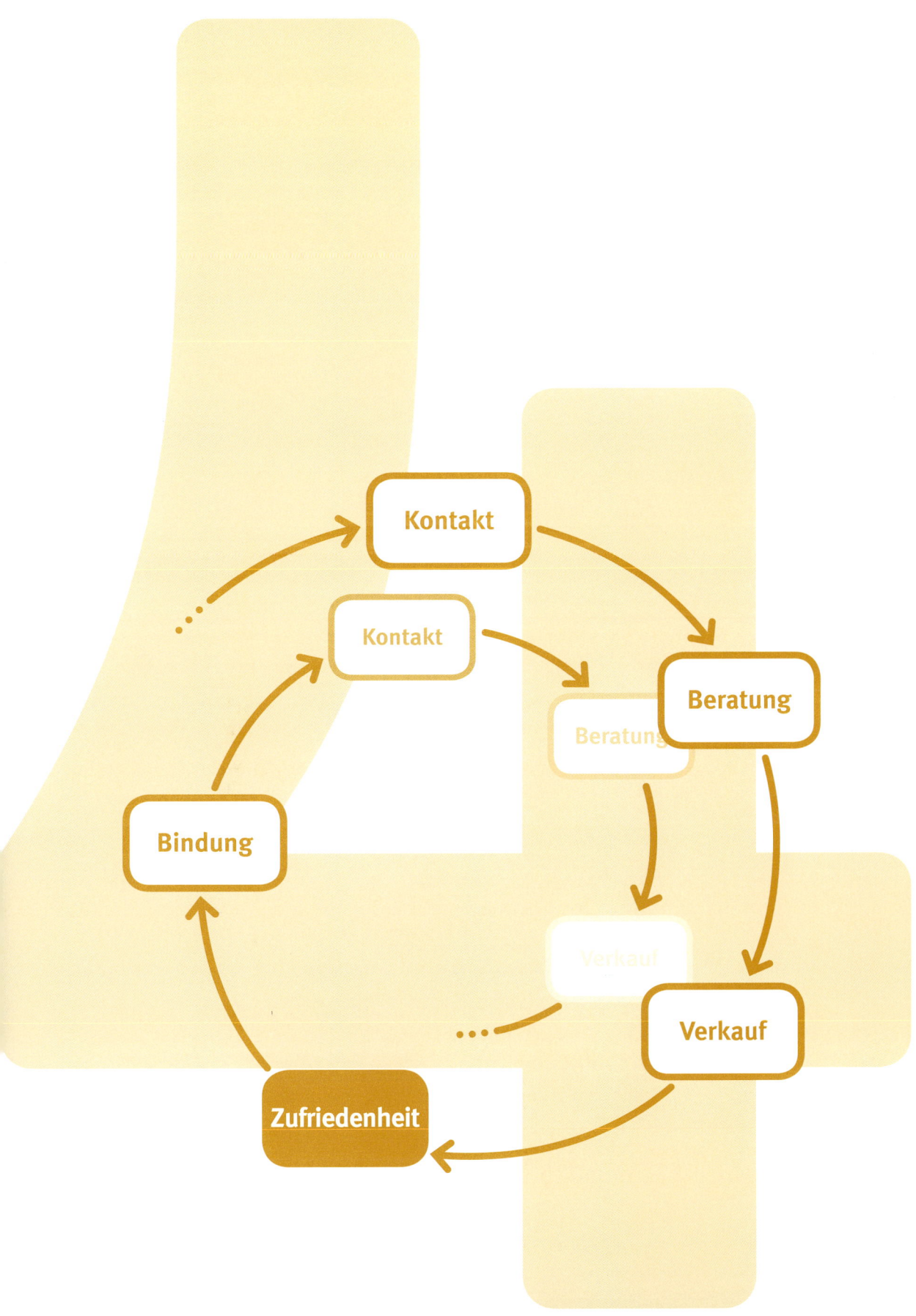

Zufriedenheit

„Wir wollen, dass unsere Gäste zufrieden sind!" sagen viele Gastronomen und Hoteliers auf die Frage, was sie denn mit ihrer Arbeit erreichen wollen. Was heißt das eigentlich? Bedeutet „zufrieden", dass …

- ▶ es nichts zu beanstanden gibt?
- ▶ die versprochene Leistung erfüllt wird?
- ▶ die persönlichen Erwartungen erfüllt werden?
- ▶ Gastwünsche erfüllt werden?

Die Antwort auf jede dieser Fragen lautet: Ja! Zufriedenheit ist ein persönliches Gefühl und somit sehr individuell. Sie hängt von den Erfahrungen ab, die der Gast bisher in Gastronomie und Logis gemacht hat, und von seiner Erwartung, mit der er sich für ein bestimmtes Haus entscheidet.

Erfahrungen sammeln Gäste heute weltweit – über die Medien und auf Urlaubsreisen – weit über den regionalen Tellerrand hinaus. Dadurch entstehen Horizonte und Vergleichsmaßstäbe, auch für die Gasthäuser am Ort.

Daraus leiten sich neue, höhere **Erwartungen** ab. Was jemand einmal als möglich erlebt hat, erwartet er bei seinem nächsten Besuch – auch bei anderen Anbietern. Er unterscheidet durchaus, ob er sich z. B. in einem Schnellrestaurant oder in der Sterne-Gastronomie bewegt, aber das hier jeweils Bestmögliche bestimmt seine Erwartungen und damit seine Zufriedenheit.

Erfahrungen und Erwartungen richten sich sowohl auf das Materielle, also auf Speisen und Getränke, Tischwäsche, Geschirr, Besteck, Sauberkeit der Zimmer und Bequemlichkeit der Betten, als auch auf die immaterielle Seite, den erlebten Service. Der geschieht im direkten persönlichen Kontakt. Dabei unterscheiden Gäste (oft unbewusst) drei Anspruchsstufen, die sie als Maßstab zugrunde legen:

Mindestqualität: Diese Anforderungen müssen Restaurant und Hotel immer und ohne Ausnahme erfüllen, um Gäste nicht zu verärgern. Auf der materiellen Seite ist das alles, was die Leistung sicher, sauber, häufig auch schnell, voll funktionsfähig und komplett macht. Auf der immateriellen Seite ist es der korrekte, höfliche Ton.

Profiqualität: Damit erfüllen Gastronomie und Beherbergung über das Mindestmaß hinaus gehende Erwartungen, die zum professionellen Angebot gehören. Sie berühren den Gast angenehm, tragen zu seinem

Wohlbefinden bei und entsprechen dem, was er in der Preisklasse für möglich hält. Diese Erwartungen sind nach oben offen, gehen heute weiter als gestern und speisen sich aus positiven Erlebnissen.

Begeisterungsqualität: Sie überrascht den Gast positiv mit einer Leistung, die er gar nicht erwartet hat. Begeistern können sowohl materielle wie auch immaterielle Leistungen. Allerdings nutzen sich materielle Überraschungen schnell ab und werden dann zu klaren Erwartungen. Nachhaltiger ist Servicequalität: Konsequente, persönliche Aufmerksamkeit, unbedingte Servicebereitschaft, eine „das machen wir möglich"-Haltung und eine natürlich-aufmerksame Gastkommunikation auf Augenhöhe. Wenn das auch in schwierigen Situationen oder bei Beanstandungen klappt, überrascht das umso mehr. Hier liegen Chancen zur Gästebindung (siehe auch Kapitel 5 Bindung Seite 137).

Für erfolgreiche Gastgeber ist die Marschrichtung also klar:

▶ **immer Mindestqualität gewährleisten,**

▶ **daraus möglichst Profiqualität für eine hohe Zufriedenheit machen und**

▶ **mit Begeisterungsqualität zusätzliche Glanzlichter setzen.**

ZUFRIEDENHEIT
ist ein persönliches Gefühl und damit sehr individuell

„Serviceziel"

Von der Zufriedenheit zur Begeisterung

Minuten	Inhalt, Methode und Hilfsmittel
0'	Einstieg „Kennt ihr unser Serviceziel? Das, was wir mit unserem Service erreichen wollen? – Das ist heute unser Thema. Lasst uns herausfinden, was das ist und wie wir damit umgehen." **Unser Serviceziel?** *Frage:* *„Also, was wollen wir mit unserem Service erreichen? Wie würdet ihr das formulieren?"* Antworten sammeln und evtl. ergänzen: ► Gäste zufriedenstellen, die Gäste sollen wiederkommen, viele Stammgäste, … *Frage:* *„Was heißt denn eigentlich ‚zufrieden'? Wie würdet ihr das beschreiben, wenn ihr in ein Restaurant geht und hinterher zufrieden seid?"* Antworten sammeln und evtl. ergänzen: ► Alles war so, wie ich es mir vorgestellt habe; das Essen war gut; die Mitarbeiter waren nett und freundlich; es war nicht zu teuer; ich musste nicht lange warten; es ging schnell; es war nicht schlecht …
3'	**Von Zufriedenheit zur Begeisterung** *Frage:* *„Was müsste ein Restaurant tun, damit ihr nicht nur zufrieden, sondern regelrecht begeistert wärt?"* Antworten sammeln und evtl. ergänzen: ► Wenn die mehr bieten, als ich erwarte; wenn die mich überraschen; wenn es einen Gruß aus der Küche gäbe, obwohl ich nur eine Vorspeise bestelle; wenn ich hinterher einen Verdauungsschnaps wie beim Griechen bekäme; wenn die mich schon kennen und gerade mein Lieblingsgericht an dem Tag besonders empfehlen könnten; … *Frage:* *„In welches der beiden Restaurants würdet ihr immer wieder gehen und welches würdet ihr weiter empfehlen?"* Antwort herausarbeiten: In das, das mich begeistert.

Minuten	Inhalt, Methode und Hilfsmittel
	Erklärung:
	„Wenn uns etwas begeistert, ist es besser als der Durchschnitt, auch besser als ein guter und befriedigender Durchschnitt. Und das ist genau das, was wir wollen.
	Positive Überraschungen begeistern, das gelingt aber nur, wenn wir vorher auch alle Erwartungen erfüllen. Das heißt, wir müssen unsere Gäste sicher und zuverlässig zufriedenstellen und dann mit kleinen Überraschungen immer wieder Glanzlichter setzen."
5'	**Zufriedenheit und Begeisterung bei uns**
	Mitarbeiter in zwei Gruppen aufteilen und jeder eine Aufgabe geben.
	Aufgabe Gruppe 1:
	„Sammelt bitte, was unsere Gäste von uns erwarten – womit wir sie also zufriedenstellen können."
	Aufgabe Gruppe 2:
	„Sammelt ihr bitte mal, was unsere Gäste überrascht, womit wir sie also begeistern können."
8'	Antworten sammeln und mit Nachfragen immer wieder auf die Praxis in Ihrem Haus beziehen.
	Gute Ideen auf dem Flipchart mitschreiben.
10'	Zusammenfassen und vereinbaren:
	„Wir haben jetzt Beispiele gesammelt."
	▶ Einmal im Zusammenhang nennen.
	„Wir hängen die Flipcharts wieder im Büro aus, damit wir daran erinnert werden und uns regelmäßig neue Überraschungen einfallen lassen können.
	Herzlichen Dank!"

Das kann nicht sein!

Jede Kritik hat ein Recht auf Aufmerksamkeit

Eine Regionalleiterin bereist die Filialen ihrer Firma und übernachtet in einem gut geführten Drei-Sterne-Hotel. Es ist später Herbst und ganz schön stürmisch, sodass sie das Fenster schließt. Doch das hilft nicht viel, denn es ist so undicht, dass sie trotz geschlossener Gardinen permanent den Luftzug im Gesicht spürt. Das nervt sie.

Am nächsten Morgen spricht sie die Chefin beim Bezahlen darauf an – weniger als Reklamation, sondern mehr, um sie darauf hinzuweisen. Sie möchte bei ihrer nächsten Tour gerne wieder hier Station machen und erwartet Interesse und den Willen, Fehler zu beseitigen. Mitnichten! Stattdessen erlebt sie ein Kopfschütteln und die Antwort: „Das kann gar nicht sein, das hatten wir noch nie! Da sind Sie die erste, die sich darüber beschwert!"

Aus Sicht der Chefin des Hauses

Wir führen ein sehr gutes Haus und haben nur keine vier Sterne, weil die Zimmer zu klein sind. Bei uns übernachten vor allem Geschäftsleute, viele sind Stammgäste, und die sind immer sehr zufrieden. Was dieses Gemecker über ein undichtes Fenster in Zimmer 7 jetzt soll, weiß ich nicht. Da hat sich noch nie jemand beschwert! Gerade gestern lobte einer unserer langjährigen Gäste noch, wie angenehm ruhig und erholsam es immer wieder bei uns sei – und der hatte Zimmer 7!

Nehmen Sie Ihren Gast mit seinen kleinen und großen Unzufriedenheiten ernst! Wenn ihm etwas nicht gefällt, fühlt er sich nicht wohl – und das wollen Sie nicht. Wenn Sie dann noch seinen Eindruck und seine Worte in Zweifel ziehen, unterstellen Sie ihm, dass er sich zimperlich anstellt oder gar das Blaue vom Himmel schwindelt. Das wirkt nicht wertschätzend – zumal, wie in diesem Fall, nach einer unruhigen Nacht. Auch wenn sich bisher über einen Missstand niemand beschwert hat, heißt das nicht, dass der eine Gast sich alles nur einbildet.

Interessieren Sie sich für Rückmeldungen – ganz besonders auch für die kritischen. Sie sind immer ein Angebot des Gastes, sich mit Ihrer Leistung zu befassen und Ihnen Anregungen zu geben. Er könnte auch einfach die Schultern zucken, gehen und nie wieder kommen. Das tun schließlich mindestens neun von zehn Unzufriedenen.

Auch wenn es häufig unangenehm ist:

- ▶ Schauen Sie Ihren Gast interessiert an, hören Sie zu und zeigen Sie Verständnis und Anteilnahme.
- ▶ Fragen Sie nach Einzelheiten und sichern Sie Abhilfe zu.
- ▶ Holen Sie als Mitarbeiter bei kritischen, emotional vorgebrachten Fällen Ihren Chef dazu.
- ▶ Bieten Sie ein kleines „Trostpflaster" an, denn kleine Geschenke erhalten die Freundschaft!

Das ist völlig in Ordnung

Es geht nicht darum, Recht zu haben

PRAXISBEISPIEL

Das gut besetzte lokale Steakhaus an einem Freitagabend: An einem Tisch sitzen Sportsfreunde nach dem Training: Die Stimmung ist ausgelassen, und vor dem Essen hat schon das zweite Tablett Weizenbier die Runde gemacht. Die Gäste sind in angeregte Gespräche vertieft, Scherze gehen hin und her, und für den Servicemitarbeiter ist es etwas mühsam, von jedem seinen Essenswunsch zu erfahren. Doch es gelingt schließlich, und dann kommen die Teller an den Tisch.

Allgemeines Essen beginnt, auch wenn die Unterhaltung weiterläuft. Da stutzt einer in der Runde plötzlich, winkt die Servicekraft mit einem lauten „Entschuldigung!" heran und zeigt auf die Kartoffeln: „Hören Sie mal, Ihr Koch ist wohl verliebt. Das Gratin spricht Bände!" Der ganze Tisch lacht.

Der Servicemitarbeiter nimmt die Beilagenschale wortlos mit hochgezogenen Augenbrauen mit und kommt nach einigen Minuten mit einer neu angerichteten zurück. Er stellt sie vor den Gast hin und sagt in vorwurfsvollem Ton: „Die Küche hat das noch mal neu gemacht, aber ich habe es probiert, das war völlig in Ordnung!"

Der Servicemitarbeiter
Manchmal nerven diese Oberfröhlichen, die sich gegenseitig mit ihrem Witz überbieten. Der eben mit seinem Gratin hat doch nur eine Show abgezogen, um seinen Kumpels zu imponieren. Ich musste mir in der Küche wieder anhören, dass die Gäste keine Ahnung hätten. Weil ich neugierig war, habe ich das Gratin probiert und fand es völlig in Ordnung. Muss man diese Reklamierer eigentlich mit allem durchkommen lassen?"

SERVICE-TIPP

Diskutieren Sie nicht bei Reklamationen! Es geht hier nicht darum, wer Recht hat, sondern wie Sie eine Unzufriedenheit des Gastes in Zufriedenheit umwandeln. Es kostet Sie und Ihr Haus weit weniger, auf eine Beschwerde oder kritische Anregung einzugehen, als mit dem Gast vor den Ohren anderer zu diskutieren und womöglich in einen Schlagabtausch zu geraten.

Einen Streit mit einem Gast können Sie nicht gewinnen. Sie können nur den Gast verlieren. Das Ziel muss darum immer sein, dass beide gewinnen – er, weil er Gehör findet, und Sie, weil er wiederkommt. Und das ist möglich!

Dabei gelten drei Schritte:

▶ Schauen Sie Ihren Gast an, hören Sie zu und zeigen Sie Verständnis.
▶ Fragen Sie bei Details nach (wenn hilfreich) und sichern Sie zu, sich darum zu kümmern. Hier vielleicht mit den Worten: „Ich nehme Ihr Gratin natürlich zurück und erkundige mich bei unserem Koch mal nach seinem Liebesleben. Ich bin gleich zurück."
▶ Tauschen Sie Speisen und Getränke bei Beschwerden im Normalfall aus, wenn der Gast damit einverstanden ist. Der Wareneinsatz ist billiger als der Imageverlust, wenn Sie das nicht tun.

Das Essen war nicht gut

Sie müssen sich nicht ausnutzen lassen

Im Park-Café mit gutem Lunch bestellt ein junger Mann das Tagesgericht. Die Stammmitarbeiterin im Service hat ihn schon häufiger gesehen, aber noch nie an einem ihrer Tische. Sie serviert ihm das Bestellte und wünscht einen guten Appetit. Der junge Mann bedankt sich und beginnt zu essen.

Nach einiger Zeit ruft er sie und beschwert sich, dass ihm das Essen nicht schmecke. Das Fleisch sei zäh und die Beilage nicht richtig warm. Die Mitarbeiterin sieht, dass von beidem nur noch ein kleiner Rest übrig ist. Jetzt fällt ihr ein, woher sie den Gast kennt: Ihre Kollegin hat von ihm erzählt, weil er häufiger mittags kommt und immer erst reklamiert, wenn er fast aufgegessen hat. Ratlos schaut sie sich um ...

Die Servicemitarbeiterin
Ich glaube ihm nicht, dass es ihm nicht geschmeckt hat, sonst hätte er doch nicht soviel gegessen. Unser Chef hat uns deutlich zu verstehen gegeben, dass er bei Reklamationen keine Diskussionen haben will. Es wird anstandslos ein neues Gericht gebracht und fertig! Aber was dieser Gast hier macht, ist einfach ungerecht. Der nutzt uns aus und denkt, wir merken das nicht!"

Setzen Sie Grenzen! Die gibt es, auch wenn Sie grundsätzlich jeden Gast zufriedenstellen, möglichst sogar begeistern wollen. Wenn Sie deutlich erkennen, dass ein Gast Ihre Großzügigkeit ausnutzt, machen Sie freundlich, aber bestimmt klar, wo die Grenzen liegen. Meistens reicht es schon, wenn der Gast merkt, dass Sie auf ihn aufmerksam geworden sind.

In der Praxis in diesem Fall vielleicht so:

▶ Schauen Sie Ihren Gast auch jetzt freundlich an, hören Sie zu und zeigen Sie Verständnis: „Das ist sehr schade und, wie meine Kollegin sagte, ja nun schon zum wiederholten Male so! Das möchte ich nicht selbst lösen, lassen Sie mich eben meinen Chef holen."

▶ Er kann jetzt Abhilfe schaffen – unter bestimmten Bedingungen: „Schön, dass Sie trotz Ihrer wiederholten Reklamationen immer wieder zu uns kommen. Ich bitte Sie, uns das nächste Mal gleich nach den ersten Bissen zu sagen, wenn etwas nicht in Ordnung ist. Dann können wir gerne etwas für Sie tun. Jetzt ist das leider zu spät. Wir bitten Sie um Verständnis."

▶ Übrigens: Ein „Trostpflaster" ist jetzt nicht angesagt.

So ein schönes Büfett

Es will auch schön erlebt sein

PRAXISBEISPIEL

Die Hochzeitsgesellschaft hat Platz genommen und die Vorspeisen-pyramide, die sie bereits am Platz vorgefunden hat, genossen. Was für eine gute Idee! Jetzt geht es, wie der Brautvater angekündigt hat, zum Hauptgang an das warm-kalte Büfett. Die Ersten quittieren den überwältigenden optischen Eindruck mit „Oh's" und „Ah's". Es schaut wirklich gelungen aus.

Die Gesellschaft bedient sich – auch wenn Vorlegebesteck fehlt, aber man behilft sich mit den Suppenlöffeln. Schön wäre es, wenn einer er-klären würde, was genau in den Warmhaltebehältern ist – in der Sauce erkennt man das so schlecht. Aber da steht kein Koch und kein anderer Fachkundiger. Schön wäre es auch, wenn das Vorspeisengeschirr ab-geräumt wäre, wenn man mit seinem Teller zurück zum Platz kommt. Und wenn man noch Besteck nachbekäme, denn Fisch und Fleisch mit derselben Gabel essen? Das ist nicht jedermanns Sache.

Der Brautvater wird zunehmend verärgert und sucht den Restaurant-leiter.

Aus Sicht des Restaurantleiters

Auch wenn die Trennlinie zwischen Küchen- und Service-Brigade bei uns nicht mehr so strikt und die Zusammenarbeit zwischen beiden in-zwischen besser ist, so trifft man das Kästchendenken immer noch an – auch im Selbstverständnis der Mitarbeiter. „Die Weißen", also Küchen-chef und Köche, sehen ihren Job als beendet an, sobald sie die kalte Vorspeise und das Büfett aufgebaut haben. Jetzt gehen die Aushilfen nach Hause, die anderen kümmern sich um das À-la-carte-Geschäft. Mehr Personal können wir uns nicht leisten.

SERVICE-TIPP

Setzen Sie „Weiß" und „Schwarz" gemeinsam ein. Sicher haben die Köche bereits eine Top-Leistung vollbracht, die ja auch auf Bewunde-rung trifft. Aber auf den letzten Metern bis zum Gast sind sie immer noch gefragt – mit Erklärungs- und Serviceaufgaben, vor allem wenn Servicebriefings nicht stattgefunden haben (siehe Seite 40/41)! Erst im eigentlichen Konsum zeigt sich, wie Gäste die Küchen- und Service-leistung erleben und bewerten.

Aber auch „die Schwarzen" brauchen eine Top-Form, am besten unter Anleitung eines Oberkellners oder Captains, der den Überblick behält und dezent-gastorientiert steuert.

Arbeiten Sie strukturiert! Ein Bankett ist – auch mit (Teil-)Selbstbedie-nung am Büfett – eine logistische Aufgabe. Also vorher klären: Was muss wann in welchem Zustand wo sein? Woher kommt der Nach-schub? Wer beschafft ihn? Wer richtet das Büfett zwischendurch wie-

der her? Wer räumt schmutziges Geschirr und Besteck ab? Wer ist freier Ansprechpartner für die Gäste? ... - Stichworte auf dem Dienstplan, Checklisten oder Aufgabenverteilungen im Servicebriefing/bei Dienstbeginn helfen.

Begrenzen Sie den Schaden. Wenn der Auftraggeber verärgert ist, braucht es, vor allem bei solch emotionalen Events wie die Hochzeit der eigenen Tochter, all Ihre Kräfte. Unterstützen Sie als Führungskraft eine Weile oder verstärken Sie anderweitig wirkungsvoll, bis alles wieder ruhig und geordnet abläuft.

Kurz-Check „Zufriedenheitsmanagement"

Anforderungen, Erwartungen, Überraschungen

	Checkpunkt	Erfüllt ✓	Nicht erfüllt	Maßnahme
1	Bei uns funktioniert technisch alles, was die Gäste nutzen wollen.	☐	☐	....
2	Rund um Sauberkeit, Hygiene und Pünktlichkeit sind wir einwandfrei.	☐	☐	....
3	Das prüfen wir konsequent – mit Checklisten und Augenschein.	☐	☐	....
4	Die Erwartungen der meisten Gäste sind uns geläufig.	☐	☐	....
5	Wir hören täglich mindestens dreimal, dass Gäste zufrieden waren.	☐	☐	....
6	Wir erfragen immer wieder, wie wir Gästeerwartungen treffen konnten.	☐	☐	....
7	Unsere Profiangebote bekommen mindestens monatlich neue Facetten.	☐	☐	....
8	Wir überraschen unsere Gäste immer wieder mit neuen Leistungen.	☐	☐	....
9	Im letzten Monat waren das mehr als fünf Überraschungen.	☐	☐	....
10	Gäste positiv zu überraschen, ist bei uns im Team ein Wettbewerb!	☐	☐	....
	Summe			....
	Ergebnis in Prozent (Summe x 10)	☐	☐	....

Das wollen wir verbessern:

....
....
....
....

Kann die Tür nicht offen bleiben?

PRAXISBEISPIEL

Wichtige Standards gelten für alle

Ein Gast übernachtet in einem beliebten Hotel im Gewerbegebiet mit einer gemütlichen Bierstube neben der Rezeption. Beides ist bei den Besuchern der nahe gelegenen Firmen sehr beliebt. Auch heute ist das Haus wieder ausgebucht, und der anreisende Monteur freut sich, dass er ein Zimmer bekommen hat.

Das Haus besteht aus mehreren Teilen, die nach und nach angebaut wurden. Sie sind durch kleine Stufen und Gänge miteinander verbunden und durch Feuertüren voneinander getrennt. Abends werden diese Türen geschlossen, und das ist das Problem, das den Monteur spätabends noch einmal an die Rezeption führt: Wenn Spätheimkehrer oder Bierstuben-Konsumenten auf dem Weg zu ihrem Zimmer „seinen" Flur passieren, schlagen die Türen laut zu und reißen ihn jedes Mal aus dem Schlaf. Seine Bitte: „Kann diese Tür heute Nacht nicht offen bleiben?"

Der Nachtportier windet sich ein bisschen und erklärt, das sei eigentlich ein wichtiger Sicherheitsstandard. Nachdem der sichtlich genervte Gast weiter drängelt, stimmt er schließlich zu, öffnet die Tür wieder und stellt sie mit einem Keil fest.

Aus Sicht des Geschäftsführers

Ich habe den Nachtportier angewiesen, die Feuertüren zwischen den Gebäudeteilen in jedem Fall um 22.00 Uhr zu schließen. Das ist eine klare Vorgabe, die zu den Brandschutzauflagen gehört und auch in den schriftlichen Arbeitsanweisungen steht.

SERVICE-TIPP

Halten Sie Standards ein! Standards stellen sicher, dass alle im Team immer wieder gleich handeln, z. B. beim Anrichten der Teller, in der Portionsgröße, beim Bettenmachen in den Hotelzimmern, beim Schlusstermin in der Bar sowie **ohne Ausnahme in Hygiene und Sicherheit** (siehe auch Seite 92). Sie stehen nicht zur Debatte, und das braucht oft Einsicht von Seiten des Gastes. Gute Begründungen und eine freundlich-klare Sprache helfen, diese Einsicht zu schaffen.

Standards überzeugend verkaufen, aber wie?
- ▶ Vermeiden Sie „weichmachende Worte", wie „eigentlich", „vielleicht", „im Prinzip". Sie vermitteln den Eindruck, als ob Ausnahmen möglich wären. Diese Weichheit nutzt Ihr Gast sofort aus und hakt beharrlich nach.
- ▶ Begründen Sie, warum der Standard gilt – und zwar mit dem Nutzen für den Gast. Hier z. B. so: „Das ist eine Brandschutzvorgabe, die wir einhalten müssen, damit Sie nachts sicher schlafen können. Jeder

Gebäudeteil hat einen eigenen Fluchtweg nach draußen und ist so vor möglichem Feuer aus einem anderen Teil geschützt."

► Gehen Sie im Rahmen des Standards auf den Gastwunsch ein. Hier z. B.: „Vielen Dank für den Hinweis, dass die Türen so laut schlagen. Ich werde anregen, sie besser zu dämmen. Für heute kann ich Ihnen kein anderes Zimmer anbieten, weil wir ausgebucht sind. Darf ich Sie vielleicht noch auf einen Schlummertrunk einladen? Ich hatte auch ein Paar Ohrstöpsel zu vergeben, wenn Sie möchten."

Wichtige
STANDARDS
gelten für alle!

Das war wirklich gut

PRAXISBEISPIEL

Mit Lob umgehen können

Sie sitzen auf Empfehlung mit Ihrer Familie am Sonntagmittag in einem Gartenrestaurant, das Sie vorher nicht kannten. Es ist richtig urig und gemütlich, die Karte passt, Portionsgrößen und Service sind einwandfrei, und alles schmeckt so, wie es sollte. Alle sind rund herum zufrieden und glücklich! Als die junge Bedienung abräumen will, machen Sie aus Ihrer Zufriedenheit keinen Hehl und loben: „Wissen Sie, wir sind das erste Mal hier. Das war wirklich gut, und wir kommen bestimmt wieder." Die junge Frau wird rot bis in die Haarwurzeln, schaut unsicher auf die leeren Teller und Schüsseln und ringt mit den Händen.

Aus Sicht des Eigentümers des Gasthofes

Ich habe den Gasthof kürzlich übernommen. Ich lege sehr viel Wert auf freundlichen Service, der von Herzen kommt, und habe mit den jungen Frauen aus dem Ort, die im Service beschäftigt sind, den richtigen Umgang mit Beschwerden geübt. Sie sollen jede Reklamation und Anregung offen und freundlich annehmen und sofort einen Ausgleich anbieten, der den Gast wieder versöhnt. Das soll nicht abgespult oder aufgesetzt klingen, sondern ehrlich und echt. Auf Lob und positive Rückmeldungen bin ich nicht eingegangen, der Umgang damit ist doch selbstverständlich.

SERVICE-TIPP

Zeigen Sie Ihre Freude über eine Anerkennung. Gehen Sie professionell damit um, wenn der Gast Ihnen sagt, wie es ihm gefallen hat.

Das gilt auch und gerade für Lob – das stärkt Sie persönlich und ebnet Ihnen den Weg für weitere Empfehlungen, z. B. für ein bestimmtes Gericht, für ein Dessert oder für einen kleinen Verdauungsschnaps. Und Ihrem Selbstwertgefühl kann das auch nur gut tun!

Das geht beispielsweise so:
- Schauen Sie den Gast an, lächeln Sie und bedanken Sie sich.
- Gehen Sie mit einer kurzen Bemerkung auf seine Worte ein, in diesem Fall vielleicht so: „Vielen Dank, das freut mich, dass es Ihnen allen geschmeckt hat. Was kann ich Ihnen denn jetzt noch Gutes tun? Vielleicht ein schönes Eis oder unsere hauseigene Dessert-Spezialität?"
- Seien sie mutig: Wenn der Gast sich nicht von sich aus äußert, fragen Sie nach, wie es gefallen hat, und setzen Sie dann zu einem Dank und einer Empfehlung an.

„Feedback annehmen"

Jede Gästerückmeldung ist wertvoll

Minuten	Inhalt, Methode und Hilfsmittel
0'	*Einstieg* *„Wie nehmen wir Rückmeldungen von Gästen an, positive wie auch negative? Ziel ist, dass wir immer richtig auf ihr Lob, ihre Kritik und ihre Anregungen eingehen – auch wenn sie uns nicht gefallen, oder wenn sie einen Wunsch beinhalten, den wir nicht erfüllen können."* **Gästerückmeldungen bei uns** *Frage:* *„Welches Feedback bekommen wir von Gästen? Zählt bitte mal ein paar Beispiele für Lob, Kritik und andere Anregungen auf".* Antworten sammeln. Darauf achten, dass nicht nur negative, sondern auch positive Beispiele dabei sind.
2'	**Lob** *Frage:* *„Wie gehen wir mit positivem Feedback, also mit Lob und Anerkennung um?"* Antworten sammeln und evtl. ergänzen: ▶ Gast anschauen, lächeln, bedanken; „Es freut mich, dass es Ihnen gefällt/gefallen hat!", direkt die Frage nach einem weiteren Wunsch anknüpfen bzw. eine Empfehlung geben; um eine Empfehlung des Gastes bitten: „Wir freuen uns, wenn Sie uns weiter empfehlen!" Gute Formulierungen auf einem Flipchartblatt mitschreiben.
4'	**Kritik** *Frage:* *„Wie gehen wir mit negativem Feedback, also mit Kritik um? Wie reagieren wir, wenn der Gast uns sagt, womit er nicht zufrieden ist, und das vielleicht auch mal in etwas harschem Ton?"* Antworten sammeln und evtl. ergänzen: ▶ Gast anschauen, interessiert zuhören, Verständnis und Anteilnahme zeigen.

Minuten	Inhalt, Methode und Hilfsmittel
	▶ Einzelheiten nachfragen und Abhilfe zusichern – je sachlicher Mitarbeiter nachfragen, desto sachlicher wird der Gast.
	▶ Bei schwierigen und emotional aufgeladenen Gesprächen den Chef dazu holen.
	▶ Für Rückmeldung bedanken und kleines Trostpflaster anbieten.
	Gute Formulierungen auf einem Flipchartblatt mitschreiben.
7'	*Frage:*
	„Jetzt kommen wir zu den Spezialfällen:
	▶ Fall 1:
	Was sagt ihr, wenn der Gast mit dem Feedback einen Wunsch verbindet, den ihr nicht erfüllen könnt? Beispiel: Er möchte, dass die Feuertür offen bleibt, weil sie nachts immer so laut zuschlägt"
	Antworten sammeln. Herausstellen, dass Sicherheit immer Vorrang hat, begründet mit dem Nutzen für den Gast, z. B.: „Das ist eine Brandschutzvorgabe für unser Haus. Die Tür muss auch zu Ihrer Sicherheit geschlossen bleiben. Aber vielen Dank für den Hinweis. Wir werden den Rahmen abpolstern, damit die Tür leiser zuschlägt."
	▶ Fall 2:
	„Was sagt ihr, wenn der Gast sich über ein Essen beschwert, dass er schon zur Hälfte aufgegessen hat und ihr vielleicht auch wisst, dass das bei dem Gast nicht zum ersten Mal passiert?"
	Antworten sammeln. Herausstellen, dass der Ton trotzdem freundlich bleibt und festlegen, ob die Mitarbeiter dem Gast Grenzen setzen oder, ob sie Sie als Chef dazu holen sollen (siehe auch „Das Essen war nicht gut" Seite 106).
	Gute Formulierungen auf einem Flipchartblatt mitschreiben.
10'	**Zusammenfassen und vereinbaren:**
	„Wir haben jetzt Formulierungen gesammelt."
	▶ Einmal im Zusammenhang nennen.
	„Wir hängen die Flipcharts im Office aus. Setzt das bitte in der Praxis um, ihr könnt es ja auch untereinander im Rollenspiel üben.
	Herzlichen Dank!"

Meckerziege, finden Sie nicht auch?

Keine Verbrüderung gegen den Gast

PRAXISBEISPIEL

Im Selbstbedienungs-Restaurant an der Kasse: Mittags stehen die Gäste mit ihren Tabletts in der Schlange. Der vorderste unterhält sich mit der Kassiererin – offensichtlich kennen sich die beiden und haben am Wochenende gemeinsam etwas unternommen. Die nächste in der Reihe hört sich das eine Weile an und fragt dann spitz: „Geht das hier auch mal weiter?" Die Kassiererin schaut ihren Bekannten mit einem spöttischen Lächeln an, rollt die Augen und antwortet übertrieben höflich: „Aber selbstverständlich, gnädige Frau!"

Aus Sicht der Kassiererin

Manchmal denke ich, wir sollten Kassenautomaten aufstellen, dann würde jede Verzögerung entweder am Automaten liegen oder am Gast, der ihn bedient. Ich hätte keine Schuld mehr. Gerade eben habe ich mich kurz mit einem netten Stammgast unterhalten. Da meckert gleich eine, weil es ihr nicht schnell genug geht. Auch der Stammgast hat nur die Augen gerollt.

Verbrüdern Sie sich nicht gegen Ihre Gäste – weder mit Kollegen noch mit anderen Gästen (siehe Seite 47). Auch der Gast, der Ihnen nicht sympathisch ist, öffnet seinen Geldbeutel für Sie und hat einen Anspruch auf einen freundlichen und respektvollen Service. Wer als Gast Ihre Wertschätzung erlebt, bringt sicher eher Verständnis für eine besondere Situation auf, als wenn er den Eindruck hat, Sie amüsieren sich auf seine Kosten.

SERVICE-TIPP

Verteilen Sie Ihre Aufmerksamkeit respektvoll und gleichmäßig:

▶ Konzentrieren Sie sich auf den Gast vor Ihnen, und halten Sie auch die übrigen Gäste im Auge.

▶ Achten Sie auf Gestik und Mimik Ihrer Gäste. Bevor jemand seinen Unmut in Worten äußert, erkennen Sie das körperlich, z. B. durch zusammengezogene Brauen, abfallende Mundwinkel, wippende Fußspitzen, trommelnde Fingernägel oder zunehmendes Hin- und Hertreten von einem Fuß auf den anderen.

▶ Kommen Sie einer genervten Ansage zuvor: Wenden Sie sich dem Ungeduldigen kurz mit der Aussage zu: „Ich bin gleich für Sie da!". Das weckt Verständnis. Verbrüderung mit Dritten und spitze Schlagfertigkeit produzieren das Gegenteil und schaden nachhaltig.

Hat es Ihnen geschmeckt?

PRAXISBEISPIEL

Zuwendung geht vor Schnelligkeit

An einem lauen Sommerabend sitzen Freunde im Löwen unter den Kastanien. Der Biergarten ist gut besucht, und das schöne Wetter lockt weitere Gäste. Damit haben die Bedienungen viel zu tun, denn freie Tische werden sofort wieder besetzt. Deshalb will die in der mittleren Station Verantwortliche den langen Tisch mit den abgegessenen Tellern schnell abschließen. Beim Abräumen – manche Teller sind wie leergeputzt, andere noch zur Hälfte voll – fragt sie einmal in die Runde: „War's recht?" und schaut dabei niemanden direkt an. Sie hört Zustimmung von ein paar Gästen, die einen leeren Teller vor sich haben. Andere sagen nichts und sie fragt nicht weiter nach.

An der Abräumstation
Die Bedienung bringt den Tellerstapel zur Abräumstation, und ein Kollege sieht den Berg Reste. „Na, was war denn da los?" fragt er. „Hat's denen nicht geschmeckt?" „Keine Ahnung", antwortet sie, „die haben nichts gesagt." Mit einem Schulterzucken wendet sie sich ab und kümmert sich um den nächsten Tisch.

SERVICE-TIPP

Sprechen Sie auch „stille" Reklamationen an. Ein halb leerer Teller kann mehrere Ursachen haben: Vielleicht war dem Gast die Portion zu groß, vielleicht hat es ihm nicht geschmeckt, vielleicht fühlt er sich nicht wohl. Wer wirklich wissen will, ob **allen** Gästen **alles** recht war, findet das nur heraus, wenn er **jeden** fragt! Eine allgemeine Frage in die Runde werden immer zuerst diejenigen beantworten, denen es gefallen hat. Für eine kritische Antwort, dazu vielleicht noch mit einer Erklärung, braucht es mehr Anstrengung. Doch genau von hier kommen wichtige Anregungen! Also: Fragen Sie auch und ganz gezielt Gäste, die nicht zufrieden aussehen. Holen Sie sich die Erklärungen ab! Das kostet auch in der Praxis kaum zusätzliche Zeit.

So erfahren Sie von „stillen" Reklamationen:
- ▶ Schauen Sie den Gast an und fragen Sie beim Aussetzen direkt nach, z. B. „Und bei Ihnen? War etwas nicht in Ordnung?"
- ▶ Hören Sie zu, fragen Sie bei Bedarf Einzelheiten nach und sichern Sie eine Antwort aus der Küche zu, wenn Sie hier die Ursache vermuten.
- ▶ Bieten Sie einen Ausgleich an, das besänftigt!
- ▶ Wenn Sie an der Gästemimik erkennen, dass vielleicht etwas nicht in Ordnung ist, dann gehen Sie hin und fragen Sie: „Ist alles in Ordnung bei Ihnen oder kann ich Ihnen helfen?" oder, wenn Gäste mit suchendem Blick im Raum stehen: „Suchen Sie etwas, kann ich etwas für Sie tun?"

„Zufriedenheit erfragen"

Von der Floskel zur echten Information

Minuten	Inhalt, Methode und Hilfsmittel
0'	Einstieg „Heute prüfen wir, wie wir von jedem Gast echte Informationen über seine Zufriedenheit bekommen. Ziel ist, dass wir immer aktuell und für jeden Gast wissen, wo wir stehen." **Unsere Frage beim Abräumen/Auschecken** *Aufgabe Abräumen:* *„Stellt euch bitte vor, es ist voll, wir haben eigentlich eine Person zu wenig im Service, und ihr habt einen Tisch mit sechs Personen zum Abräumen. Vier Teller sind leer gegessen, zwei nur zur Hälfte. Ihr habt es ziemlich eilig. Was sagt ihr, wenn ihr an den Tisch kommt?"* Antworten sammeln und herausstellen, dass gerade die Gäste, die ihren Teller nicht geleert haben, interessante Antworten geben können. Hier also bewusst nachfragen und ansprechen, denn Zuwendung geht vor Schnelligkeit. *Aufgabe Auschecken:* *„Stellt euch bitte vor, ihr steht an der Rezeption und mehrere Gäste wollen auschecken. Ihr fragt den Gast vor euch wie immer, ob es ihm gefallen hat und er murmelt mit verschlossenem Gesicht nur leise vor sich hin. Was sagt ihr?"* Antworten sammeln und herausstellen, dass gerade die Gäste, die nicht sofort positiv antworten, interessante Rückmeldungen haben können. Hier also bewusst nachfragen und ansprechen. Auch hier gilt: Zuwendung geht vor Schnelligkeit.
4'	**Zufrieden oder nicht?** *Erklärung:* *„Nicht alle Gäste, die unzufrieden sind, sagen das laut. Manchen können wir nur ansehen, dass etwas nicht stimmt. Dann haben wir es mit sogenannten ‚stillen Reklamationen' zu tun.* Hier gilt für uns immer: Unbedingt ansprechen! Es wird nicht besser, wenn wir darüber hinweg sehen, nicht für den Gast und schon gar nicht für uns. Der Gast geht nämlich aus der Tür und erzählt anderen von seinem Ärger und zwar mindestens dreimal so oft, als wenn es ihm gut gefallen hätte."

Minuten	Inhalt, Methode und Hilfsmittel
6'	*Frage:* *„Woran erkennen wir, wenn ein Gast nicht zufrieden ist? Welche Anzeichen zeigen das?"* Antworten sammeln und evtl. ergänzen: ▶ Ernster Gesichtsausdruck, zusammen gezogene Augenbrauen, kein Blickkontakt, hängende Schultern, abwägendes Kopfschütteln auf die Frage nach der Zufriedenheit und der noch halb volle Teller, ... Typische Anzeichen am Flipchart mitschreiben.
8'	**Richtig ansprechen** *Frage:* *„Noch einmal zurück zu unseren beiden Beispielen: Wie sprechen wir den Gast an, wenn wir eine Unzufriedenheit erkennen, die er aber nicht laut ausspricht?"* Antworten sammeln und evtl. mit Beispielen ergänzen: ▶ „Sie sehen nicht zufrieden aus, was kann ich für Sie tun?" Oder: „Was hat Ihnen nicht gefallen?" Oder: „Was hätten Sie sich anders gewünscht? Und dann: „Danke für die Rückmeldung/den Hinweis!" und weiter wie bei jeder anderen Gästerückmeldung (siehe auch „Feedback annehmen, Seite 113). Gute Formulierungen am Flipchart mitschreiben.
10'	**Zusammenfassen und vereinbaren:** „Wir haben jetzt Formulierungen gesammelt." ▶ Einmal im Zusammenhang nennen. „Wir hängen die Flipcharts wieder im Pausenraum aus. Probiert bitte aus, wie ihr in Zukunft noch besser mit Reklamationen umgehen könnt. Herzlichen Dank!"

Ein Malheur passiert

Ruhe bewahren und praktisch helfen

PRAXISBEISPIEL

Im Hotel „Seeadler" geht es heute Abend hoch her. Alle Tagungsräume sind ausgebucht, und die Bar ist belagert von durstigen Gästen, die sich nach dem straffen Programm des Tages auf den inoffiziellen Teil freuen.

Auch die Tische in der Bar sind besetzt, und die Servicemitarbeiter haben alle Hände voll zu tun. Jeder trägt volle Getränketabletts an die Tische und leere Gläser zurück.

Zu vorgerückter Stunde werden die Runden an den Tischen fröhlicher, die Erzählungen lebhafter und die Armbewegungen ausholender. Dabei passiert es: Ein Gast erwischt mit seinem Arm ein Tablett mit Weißbier, zwei volle Gläser kippen um und der Gerstensaft regnet zwei Gästen über Schulter und Rücken. Beide schreien, springen auf und schauen sich hilfesuchend um. Der Kellner steht wie eine erstarrte Salzsäule daneben und entschuldigt sich fortwährend.

Eine Kollegin sieht das Malheur, greift sich ein paar von den Papierservietten, entschuldigt sich ebenfalls und tupft hektisch die nassen Rücken ab. Das färbt die weißen Hemden der Gäste rot, denn die Barservietten sind nicht farbecht. Die Serviererin lässt hilflos die Arme sinken.

Und jetzt?

Jetzt sind Ruhe, Zuversicht und Tatkraft gefragt. Es ist ein Malheur passiert, aber kein Drama. Diese innere Haltung hilft Ihnen, den Blick für die Relationen nicht zu verlieren.

SERVICE-TIPP

Nehmen Sie zunächst die beiden Gäste zur Seite und damit auch aus dem Mittelpunkt des Geschehens und seiner Zuschauer. Versorgen Sie den Schaden. Sorgen Sie für praktische Hilfe, z. B. ein Ersatzhemd aus der Berufskleidung, wenn der Gast – anders als im hier beschriebenen Fall – keine weitere Kleidung dabei hat. Bieten Sie darüber hinaus die Wäsche oder Reinigung der beschädigten Kleidung an.

Fühlen sich Ihre Gäste wieder wohl, gibt es eine kleine Wiedergutmachung. Je nach Höhe des entstandenen Schadens kann das ein neues Bier, ein Gutschein für ein Abendessen, eine Übernachtung oder ein ganzes Wochenende sein.

Wir haben doch reserviert

Enttäuschung ist ein schlechter Start

In einer Kleinstadt hat ein neuer Betreiber das alteingesessene Restaurant im historischen Brauhaus wieder eröffnet. Es spricht sich schnell herum: Einrichtung und Ambiente sollen deutlich schöner und die Speisen erheblich moderner geworden sein. Der Koch genießt einen guten Ruf aus seiner Zeit in einem Sterne-Restaurant und die Bewohner der Stadt sind wirklich neugierig.

Ein Ehepaar hat einen Tisch für Samstagabend reserviert. Pünktlich ankommend schaut es sich erwartungsvoll um und sieht, dass alle Plätze besetzt sind. Der Servicemitarbeiterin, die nach dem Wunsch fragt, nennt das Paar seinen Namen und weist auf die Reservierung hin. Die Mitarbeiterin schaut auf den Reservierungsplan, sucht, spricht ihren Kollegen an, beide suchen gemeinsam, doch können sie die Reservierung nicht finden. Sie bedauern und bitten das Paar, ein anderes Mal wieder zu kommen, weil es heute voll sei. Die Gäste sind enttäuscht und gehen mit dem Eindruck, dass dieser Betreiber sich vermutlich nicht lange halten wird. Das erzählen sie in der folgenden Woche auch ihren Freunden.

Die Servicemitarbeiterin

Heute ist wohl unser bisher stärkster Tag. Wir sind ja froh, dass die Leute zu uns kommen, aber einen Tisch gibt es deshalb nur mit Reservierung. Gerade eben habe ich wieder ein Paar wegschicken müssen, weil nichts mehr frei war. Die haben zwar behauptet, dass sie reserviert hätten, aber ich hatte nirgendwo eine Notiz und mein Kollege wusste auch nichts davon. Nun diskutiere ich nicht mit den Gästen, wer da vielleicht einen Fehler gemacht hat. Wir haben nichts mehr frei, da kann ich nichts machen.

Schicken Sie Ihre Gäste nicht ohne ein Angebot weg. Es ist richtig, nicht darüber zu diskutieren, warum Sie keine Reservierung vorliegen haben. Aber Sie können mehr tun:

Stellen Sie sicher, dass diese Gäste wiederkommen. Bedauern Sie die Situation ausdrücklich und machen Sie deutlich, dass Sie gerne eine Wiedergutmachung anbieten möchten. Beginnen Sie mit einem Glas Sekt oder Champagner – vielleicht haben Sie einen Platz an der Bar dafür? Bieten Sie zudem einen Gutschein für eine Vorspeise oder ein Dessert aus Ihrer Karte an. Lassen Sie die Gäste schon einmal stöbern, halten Sie den Wunsch auf dem Gutschein fest und sorgen Sie für Vorfreude. Machen Sie es Ihren Gästen sowohl menschlich als auch kulinarisch schmackhaft, sich möglichst schnell wieder bei Ihnen einzufinden.

Wir sind überbucht

Bringen Sie Ihre Gäste trotzdem gut unter

PRAXISBEISPIEL

Die Familie ist seit den frühen Morgenstunden unterwegs auf dem Weg in den Süden. Endlich Urlaub! Für die erste Etappe hat man eine Übernachtung in Süddeutschland eingeplant, dann geht es am nächsten Tag über die Alpen der Sonne entgegen.

Mittlerweile ist es 18.30 Uhr und die Stimmung im Auto ist nicht mehr so gut. Müdigkeit, Langeweile, dichter Verkehr und viele Baustellen machen die Fahrt anstrengend. Endlich ist das Etappenziel erreicht, ein kleines Hotel in einem Weindorf, wo man reserviert hat. Alle freuen sich auf eine Pause, eine Dusche und ein gutes Essen. Dafür ist die Gegend bekannt. Leider kommt alles ganz anders. Das Hotel ist überbucht, es ist kein Zimmer mehr frei und der Mitarbeiter am Empfang bemüht sich nicht um eine Alternative. Der Familienvater überlegt, ob er einen Streit anfangen soll, gibt dann aber seiner Tochter Recht: Es kostet nur Nerven und bringt auch kein Zimmer für die Nacht!

Hintergrund aus Sicht des Inhabers

Wir haben Hochsaison und bevorzugen Gäste, die mindestens drei Tage bleiben. Glücklicherweise erleben deutsche Urlaubsgebiete in diesem Jahr einen Aufschwung, und so sind die Buchungen stabil. Das war in den vergangenen Jahren nicht immer so und dann haben wir Buchungslücken mit Durchreisenden gefüllt. Die waren allerdings nicht immer zuverlässig, deshalb haben wir regelmäßig überbucht und sind damit gut gefahren. Wenn wirklich einmal ein Gast kein Zimmer mehr bekommen hat, war das eine Ausnahme und eben Pech! Aber es gibt ja genug Ausweichmöglichkeiten im Ort, da muss man nur die Straße entlang fahren.

Helfen Sie Ihren Gästen, eine gute Unterkunft zu finden. Lassen Sie sie nicht ausbaden, dass Sie falsch kalkuliert haben. Nutzen Sie alle Möglichkeiten, die Sie als Ortskundiger haben, sonst sind Ihre Bewertungen in den Online-Hotel-Bewertungssystemen sehr schnell fernab von allem, was Sie anstreben. Das bedeutet:

SERVICE-TIPP

- ▶ Fehler eingestehen, entschuldigen und sofort praktische Hilfe anbieten.
- ▶ Mit anderen Häusern in der Umgebung telefonieren und ein Zimmer suchen. Ist das nicht zu ähnlichen Konditionen wie bei Ihnen zu bekommen, sollten Sie überlegen, die Differenz zu tragen.
- ▶ Den Weg zur neuen Unterkunft erklären, falls Ihre Gäste kein Navigationsgerät haben.
- ▶ Die Gäste mit guten Wünschen herzlich verabschieden.

Ich hatte das Turmzimmer reserviert

Gute Alternativen statt sturer Freundlichkeit

Der „Ginsterhof" ist ein altes Gutshaus mit verschiedenen historischen Zimmern. Besonders beliebt ist das Turmzimmer mit einem wunderschönen Blick in die Heidelandschaft. Darauf freut sich ein Gast, der das Haus im letzten Jahr während eines Urlaubs in der Region kennengelernt hat.

Beim Einchecken an der Rezeption erlebt er jedoch eine unangenehme Überraschung: Die Mitarbeiterin weist ihm ein anderes Zimmer zu. Auf Nachfrage erklärt sie, dass sie von ihm keine Reservierung für das Turmzimmer vorliegen habe und das Zimmer auch gar nicht frei sei. Das will der Gast nicht hinnehmen, denn er ist ganz sicher, dass er dieses Zimmer bei seiner telefonischen Reservierung ausdrücklich gewünscht hat. Das scheint er jetzt nicht mehr durchsetzen zu können, obwohl er inzwischen wirklich ärgerlich und auch lauter wird, während die Hotelmitarbeiterin lächelnd weiter erklärt, dass sie für ihn Zimmer 3 im Westflügel habe. Auf etwas anderes lässt sie sich nicht ein.

Die Mitarbeiterin an der Rezeption
Du lieber Himmel, ich kann das Turmzimmer nicht klonen. Zimmer 3 im Westflügel ist wirklich schön, aber darüber brauche ich gar nichts zu sagen, das hört der sowieso nicht. Im Training habe ich gelernt, dass ich in so einem Fall am besten weiter lächle und mich auf keine Diskussionen einlasse oder selbst laut werde."

Machen Sie Ihren Gästen Alternativen schmackhaft. Wer sich auf einen bestimmten Wunsch festgelegt hat, wird nicht so leicht umschwenken, aber er kann überzeugt werden.

Zeigen Sie, dass Sie die Wünsche Ihres Gastes möglichst weitgehend erfüllen wollen: „Da das Turmzimmer wirklich nicht frei ist, lassen Sie uns doch schauen, welche gute Alternative wir für Sie finden." Hier hilft Ihnen wieder die Fragetechnik, um den Blick des Gastes auf das Zimmer zu lenken, welches Sie ihm anbieten können:

▶ „Was schätzen Sie grundsätzlich an einem Zimmer bei uns? Eher die Größe oder die Möblierung?"

▶ „Ist Ihnen die schöne Aussicht oder vielleicht eine kleine private Terrasse vor der Tür wichtig?"

▶ „Wenn Sie an die Umgebung unseres Hauses denken, wollen Sie dann lieber auf den Wald oder lieber über die Heide schauen?"

▶ „Da habe ich ein wirklich schönes Zimmer für Sie, wollen Sie es sich anschauen?"

Kurz-Check „Verhalten im Gastkontakt"

Gastgeber – auch in unangenehmen Situationen

	Checkpunkt	Erfüllt ✓	Nicht erfüllt	Maßnahme
1	Jeder Mitarbeiter ist echt interessiert an der Gästezufriedenheit.	☐	☐	....
2	Jeder ist aufmerksam und empfangsbereit (steht/geht gerade, schaut den Gast an, ist ihm im Gespräch komplett zugewandt).	☐	☐	....
3	Jeder bietet Alternativen an, falls er einen Wunsch nicht erfüllen kann.	☐	☐	....
4	Jeder kann Auswahlfragen stellen, um zielgenau zu empfehlen.	☐	☐	....
5	Jeder kann unser Angebot ansprechend und einladend beschreiben.	☐	☐	....
6	Auch bei emotionaler Unzufriedenheit: Jeder berät souverän weiter.	☐	☐	....
7	Jeder hat einen natürlich-freundlichen Ton im Gastgespräch.	☐	☐	....
8	Stimme: Jeder spricht in angenehmer Lautstärke klar und freundlich.	☐	☐	....
9	Jeder Mitarbeiter versteht sich als Gastgeber in unserem Haus.	☐	☐	....
10	Jeder Mitarbeiter kann Lob und Kritik kompetent und souverän annehmen.	☐	☐	....
	Summe			....
	Ergebnis in Prozent (Summe x 10)	☐	☐	....

Das wollen wir verbessern:

....
....
....

Diese Nachricht hat mich nicht erreicht

PRAXISBEISPIEL

Routine ist wichtig

Eine Geschäftsreisende übernachtet in einem Hotel im „Speckgürtel" einer Großstadt. Hier hat ihre Firma sie schon häufig untergebracht, und sie ist auch gern dort. Die Preise sind moderat, die S- und U-Bahn-anbindung ist gut, und die langjährigen Mitarbeiter im Haus begrüßen sie immer ganz besonders herzlich.

Heute kommt sie sehr spät an und hat morgen früh gleich einen Termin um neun Uhr in der Stadt. Müde checkt sie ein und wechselt mit dem Nightmanager nur ein paar Worte. Sie ist zudem genervt, weil sie ihr Handy verloren hat und sich morgen auch noch um den Ersatz dieses für ihren Job „lebenswichtigen" Gerätes kümmern muss.

Am nächsten Morgen findet sie sich pünktlich zu ihrem Termin in der Stadt ein und trifft dort auf die verwirrte Sekretärin ihres Ansprechpartners: „Aber der Termin ist doch abgesagt. Ich habe mehrmals versucht, sie auf ihrem Handy zu erreichen, und als das nicht geklappt hat, habe ich eine Mail an ihr Hotel geschrieben. Hat man sie denn dort nicht informiert?" Ärgerlich murmelt die Frau: „Das hat man nicht, aber da rufe ich gleich mal an!"

Aus Sicht der langjährigen Mitarbeiterin der Rezeption
Ach je, da ist uns eine Nachricht durchgegangen, gerade bei einem unserer liebsten Stammgäste! Ich weiß auch genau, wie das passieren konnte. Ich lege Nachrichten normalerweise unter die zugehörige Zimmernummer in die Mappe. Doch gestern, als die Mail kam, erreichte mich im nächsten Moment ein Anruf mit der Bitte um einen Fön. Der Gast stand mit nassen Haaren da, weshalb ich mich sofort darum gekümmert und darüber die Mail vergessen habe. Wenn ich die Dame bei der Anreise noch gesehen hätte, wäre es mir sicher wieder eingefallen, aber so? Was für ein Ärger!

SERVICE-TIPP

Weichen Sie nicht von wichtigen Routinen ab. Schaffen Sie feste Abläufe für alltägliche Aufgaben und halten Sie sie konsequent ein – wenn nicht gerade ein Notfall die Prioritäten verschiebt.

Formulieren Sie sie am besten schriftlich, sodass auch Kollegen, die Sie vertreten oder in der nächsten Schicht ablösen, wissen, wie Nachrichten zu handhaben sind. Das gehört zum „täglichen Brot" eines Empfangsteams. Formulieren und vermitteln Sie dafür klare Vorgaben, zu denen immer gehört:

- ▶ Nachricht schriftlich machen (selbst aufschreiben oder ausdrucken).
- ▶ Eindeutig der betreffenden Zimmernummer zuordnen (im Schlüsselfach, in einer Mappe, über die Telefonanlage oder elektronisch beim Einbuchen über die EDV).
- ▶ Bei Dienstbeginn immer alle Informationen für anreisende und im Haus wohnende Gästen prüfen.
- ▶ In diesem Fall sofort versuchen, den Gast zu erreichen – mit Entschuldigung und dem Angebot einer Wiedergutmachung.

Da schwimmen Haare im Wasser

Sauberkeit und Hygiene

Es ist Ferienzeit mit vielen Kindern im Hotel. Zwei Familienväter gehen nach dem Abendessen noch zusammen in Sauna und Bad. Als ein Hotelmitarbeiter nach dem Rechten sieht, zeigt einer der beiden verärgert auf das Becken und meint: „Da schwimmen lauter Haare im Becken, da gehe ich heute nicht hinein. Bei Ihnen war es auch schon mal sauberer."

Wie konnte das passieren?

Das Schwimmbad war den ganzen Tag stark besucht. Ehrlich gesagt hat niemand kontrolliert, ob wie geplant stündlich gereinigt wurde. Und das Becken hat wohl auch niemand geprüft. Wenn die Umwälzpumpe die Reinigung nicht schafft, wird das Bad sonst eine Stunde geschlossen – in der Abendessenszeit geht das gut.

Soforthilfe leisten: Wieder entschuldigen, Ärger verstehen, Abhilfe zusagen und an der Saunabar ein Getränk ausgeben.

Dann intern die Ursachen feststellen und abstellen! In den nächsten Tagen immer wieder prüfen, dass das klappt, z. B. über Checklisten und Augenschein. Gästeärger über mangelnde Hygiene und ekelerregende Haare verletzt die Mindestqualität und ist also keine Bagatelle!

Einen schönen guten Tag Herr und Frau ...

Begrüßen Sie namentlich nur, wenn Sie sicher sind!

Das Cityhotel ist an diesem Wochenende gut besucht. Geschäftsleute und Wochenendurlauber schätzen die einfache, gute Ausstattung und den freundlichen Service.

Ein Gast kommt nun zum dritten Mal, heute mit seiner Frau. Zuvor war er zweimal mit einer Kollegin beruflich hier. Der Mitarbeiter an der Rezeption erkennt seinen Stammgast wieder und begrüßt ihn mit Namen – auch die Dame an seiner Seite – allerdings fälschlich mit dem der Kollegin. Er fügt noch hinzu, dass er sich freue, beide wieder einmal begrüßen zu dürfen. Etwas irritiert nimmt er zur Kenntnis, dass die Miene der Dame starr wird und eine peinliche Stille folgt. Der Gast sagt sehr kühl: „Ich weiß nicht, wen Sie hier vermuten, aber das ist meine Frau!"

Der Rezeptionsmitarbeiter

Um Himmels Willen! Jetzt habe ich so richtig ins Fettnäpfchen getreten. Wir sprechen unsere Gäste möglichst mit Namen an – spätestens, wenn sie zum dritten Mal kommen. Jetzt habe ich die Begleitung des Herrn eben falsch zugeordnet. Er war sonst immer mit einer anderen Dame hier, natürlich in getrennten Zimmern. So habe ich das auch nicht gemeint, aber es klang wohl eher indiskret. Ich habe noch versucht, das Missverständnis zu erklären, aber besonders viel Humor scheinen die beiden nicht zu haben. Jetzt muss ich schauen, wie ich das wieder gerade biege.

SERVICE-TIPP

Zeigen Sie, dass Sie Ihre Gäste kennen, aber stellen Sie sicher, dass Ihr Wissen auch wirklich zutrifft. Sobald Sie sich unsicher fühlen oder sich, wie in dieser Situation, auf dünnem Eis bewegen, halten Sie sich vorsichtig zurück. Und wenn das dann doch schief gegangen ist:

- ▶ **Entschuldigen Sie sich für den Fehler!** Je aufrichtiger Sie dabei sind und klingen, desto geringer wird der Schaden. Auch wenn Sie „den Ernst der Lage" nicht ganz nachvollziehen können, Humor ist nur angebracht, wenn Ihre Gäste ihn auch teilen können.
- ▶ **Prüfen Sie, welches Upgrade möglich ist.** Für diesen Fall mit den Worten: „Durch diesen Fehler haben wir auch <u>zwei</u> Zimmer für Sie reserviert. Sind Sie einverstanden, wenn wir Ihnen unser Premiumzimmer geben, statt Sie in einem der beiden reservierten Zimmer unterzubringen? Selbstverständlich zum gleichen Preis!"
- ▶ **Legen Sie den Fehler dann souverän zur Seite** und lenken Sie den Blick der Gäste nach vorne auf das vor ihnen liegende Wochenende. Bieten Sie Ihre Unterstützung an, z. B. für die Buchung von Theaterkarten oder Tickets für ein Museum und wünschen Sie ein paar schöne Tage!

Da hat sich noch niemand beschwert

Danke, dass Sie uns darauf hinweisen

PRAXISBEISPIEL

Ein Seminar ist zu Ende. Das Trainingsleitungsduo hat den Raum geräumt und sein Gepäck verstaut. Jetzt gilt es nur noch die Extras zu zahlen, und mit dieser Absicht kommt es an die Rezeption. Die Mitarbeiterin dort fragt: „War alles in Ordnung bei Ihnen?" Einer der beiden zögert, woraufhin die Empfangsdame ernsthaft nachhakt. Jetzt berichtet der Seminarleiter vom Lärmpegel aus dem Nachbarraum, der die Videoaufnahmen im Training überlagert habe. Nun kommt der Chef des Hauses aus seinem Büro und erklärt das für unmöglich. Seit 15 Jahren gebe es das Seminarzentrum, und da habe sich noch niemand beschwert. Beide Trainer lehnen eine weitere Diskussion ab, begleichen ihre Rechnung und verlassen das Haus.

Wieder zu Hause berichten sie dem Auftraggeber des Seminars davon und von der Tirade, die sie anschließend draußen durch das geöffnete Fenster des Büros gehört haben.

Der Chef des Hauses im Back Office

„Was sich diese Trainer denken! Da schreibe ich jetzt erst mal einen Brief an den Kunden."

SERVICE-TIPP

Stellen Sie Unzufriedenheit nicht in Frage! Zufriedenheit ist ein persönliches Gefühl, das können Sie nicht herbei diskutieren. Sie können aber dafür sorgen, dass ein unzufriedener Gast dieses Gefühl bei Ihnen abladen kann und nicht noch ärgerlicher oder gar wütend wird.

Bezweifeln Sie die Worte des Gastes nicht, sonst gießen Sie Öl ins Feuer. Denn im Umkehrschluss könnte er Sie fragen: „Sie meinen also, dass ich mir das nur einbilde? Oder nicht so empfindlich sein soll oder gar lüge?" All das schwingt mit, wenn Sie antworten: „Da hat sich noch niemand beschwert!"

Erfolgreicher ist es, den Hinweis mit einem Dank aufzunehmen und sich vielleicht auch nach Details zu erkundigen. Ihr Gast fühlt sich ernst genommen und Sie verbuchen für sich wesentliche Vorteile:

- ▶ Sie nehmen dem schwelenden Ärger den Wind aus den Segeln.
- ▶ Sie erhalten vielleicht wirklich einen wichtigen Hinweis, mit dem Sie Ihre Qualität verbessern können.
- ▶ Sie können mit einer guten und professionellen Reaktion so überraschen, dass Ihr Gast gerne wieder kommt. Denn er weiß, wenn etwas schief geht – und das kann immer und überall passieren – ist er bei Ihnen gut aufgehoben.

Kurz-Check „Reklamationsbearbeitung"

Hat die Reklamation eine Chance?

	Checkpunkt	Erfüllt ✓	Nicht erfüllt	Maßnahme
1	Wir weichen keiner Reklamation aus, sondern sprechen sie an.	☐	☐	....
2	Wir hören reklamierenden Gästen aufmerksam und interessiert zu.	☐	☐	....
3	Wir unterbrechen sie nicht und signalisieren Verständnis beim Zuhören.	☐	☐	....
4	Wir fragen Details nach, wenn das zu unserem Verständnis beiträgt.	☐	☐	....
5	Wir versichern dem Gast unser Verständnis und danken für Hinweise.	☐	☐	....
6	Wir finden angemessene Lösungen und informieren Gäste darüber.	☐	☐	....
7	Wir geben dem Gast ein kleines „Trostpflaster" für seinen Ärger.	☐	☐	....
8	Wir stellen sicher, dass er nach dem Gespräch zufriedener als vorher ist.	☐	☐	....
9	Wir verabschieden jeden reklamierenden Gast besonders herzlich.	☐	☐	....
10	Wir informieren intern darüber, damit Fehler nicht wieder passieren.	☐	☐	....
	Summe			....
	Ergebnis in Prozent (Summe x 10)	☐	☐	....

Das wollen wir verbessern:

....

....

....

....

Elektronik trifft Service

Aufmerksamkeit ist gefragt

PRAXISBEISPIEL

Ein Paar besucht ausländische Geschäftsfreunde auf seinem Weg in den Urlaub. Man verabredet sich in einem spektakulären Restaurant, das nicht nur mit seinem ausgefallenen Ambiente punktet, sondern auch in seinem Angebot völlig neue Wege geht: In der Mitte der Tische sind Screens eingebaut, auf denen Bilder von angerichteten Speisen und Getränke-Labels in bunter Landschaft aufzurufen und anzuschauen sind. Mit einem Stick, den jeder am Eingang bekommt, kann man sich einwählen, sich mit dem Angebot vertraut machen und per Klick seine Wahl treffen. Das Bestellte wird dann gebracht – so das Versprechen. Die Runde ist begeistert …

Zögerlich drücken die Finger der Freunde auf den Bestellhaken für erste Vorspeisen und Aperitifs, dann werden sie mutiger und rufen Mineralwasser, weitere Vorspeisen und kleine Hauptgerichte ab. Doch jetzt beginnt der Ärger: Die Gläser fürs Wasser fehlen und kommen auch auf Nachfrage nicht. Das Brot, das man eigentlich zur Vorspeise genießen wollte, ist auch noch nicht da. Einem Gast am Tisch fehlt ein komplettes Gedeck, andere Gerichte kommen nur zum Teil, weitere Gerichte dafür doppelt.

Anerkennung verdient alles, was aus der Küche kommt: preislich angemessen, schmackhaft, witzig und überzeugend in den Zusammenstellungen, wenn es denn am Tisch ankommt. Letztlich sind drei der Runde fertig, die vierte hat noch nichts bekommen. Die eingeschaltete Restaurantleitung klärt versiert und verständnisvoll und doch bleibt ein „Ja, aber …!" als Fazit, verstärkt durch Probleme in der anschließenden Abrechnung. Ob derjenige, der das Lokal ausgewählt hat, das nächste Mal wieder mit Geschäftsfreunden dorthin gehen wird, bleibt offen, zumal die Rauchergruppen vor der Tür sich tischübergreifend über ähnliche Erlebnisse austauschen.

Die Ursachen?

Unser Haus hat erst vor wenigen Wochen geöffnet, und unser Augenmerk lag auf der „Hardware" und der Küche. Das Ambiente und die Küche werden häufig gelobt, der Andrang ist heftig und den wollen wir erstmal bewältigen.

Und die Lösung?

Dies ist ein Musterbeispiel für vernachlässigte Serviceerwartungen der Gäste. Hier muss ganz schnell ein Mitarbeitertraining für den Service und seine Schnittstellen stattfinden, damit die letzten Meter zum Konzepterfolg greifen. Denn wie heißt es: Schlechter Service hat noch jedes gute Konzept kaputt gemacht! Negativpropaganda in den Zielgruppen-Szenen in diesem Stadium kostet Geld und Zukunft.

Service trainieren. Nicht nur die Küche braucht Kompetenz, auch die (manchmal lediglich aushelfenden) Servicemitarbeiter. Selbstbedienung in Bestellung und Weinservice heißt, dass Gäste jetzt andere – nicht zwangsläufig weniger – Betreuung brauchen.

Klare Standards setzen. Beispiele: Anzahl der Gäste am Tisch = Anzahl der Gedecke. Bestellte Erfrischungsgetränke = Anzahl der zusätzlichen Gläser.

Betreuen, z. B. gebrauchtes Geschirr abräumen, nach der Zufriedenheit fragen, Unterstützung anbieten – gerade im neuen Konzept, das Gäste erst lernen.

Zusatzverkauf auch hier aktivieren. „Möchten Sie noch ein Wasser bestellen?", „Was halten Sie von einem kleinen Dessert?", „Sie möchten doch sicher noch Brot, wer von Ihnen will es bestellen?", „Sie wissen, dass Sie sich den Wein auch in kleinen Portionen einschenken können?" ...

Die Seele der Wirtschaft ist weg

Neu ist gut, aber Bewährtes nicht verwerfen

Das Speise- und Gartenlokal wurde bis vor Kurzem engagiert von zwei Generationen geführt. Seniorchef und Junior standen in der Küche, die gestandene Seniorin steuerte Pass, Getränkeausschank und Kuchenauswahl und betreute vor allem die Gäste. Mindestens einmal in der Stunde ging sie durch jeden Gastraum und fragte überall, ob alles recht sei. Sie kannte die vielen Stammgäste und hatte schon manches Familienfest für sie ausgerichtet. Die Schwiegertochter und einige Frauen aus dem Ort servierten hier seit Jahren – manchmal etwas raubeinig, aber immer gutmütig und fix.

Im Angebot war richtig gut zubereitete regionale Hausmannskost. Die Geräume waren einfach-ländlich dekoriert. Leinentischdecken, -vorhänge und -servietten variierten in Farben und Mustern, passten sich aber alle in den Gesamtauftritt ein. An Feiertagen und bei gutem Wetter war kaum ein Platz zu bekommen, weder drinnen noch draußen auf der schönen Südterrasse oder im schattigen Garten.

Nun – die Senioren setzten sich zur Ruhe, die Junioren wollten das anstrengende Geschäft nicht weitermachen, ein Gastronom aus dem Bekanntenkreis, der auch eine Gaststätte in der Nachbarstadt hatte, sprang ein. Soweit die Erinnerung der Stammgäste.

Heute kommt ein Stammgast mit seiner Freundin an einem schönen Sommertag wieder und wundert sich, wie leicht er einen Parkplatz bekommt. Auch innen ist nicht alles besetzt. Sogar Terrasse und Garten weisen mehr freie als besetzte Plätze auf.

Die beiden nehmen auf der Terrasse Platz. Die einzige Bedienung kommt nach mehr als fünf Minuten mit schleppendem Schritt, um die Bestellung aufzunehmen. Die fällt inzwischen schon sparsam aus, denn die Blicke auf die Nachbartische, in die Blumenkästen und in die Beete haben den Appetit geschmälert: Tischdecken sind aus kariertem Kunststoff, die Blumen verwelkt, die Beete ungepflegt. Der neue Chef nimmt mit seiner Familie an einem der Tische als Gast Platz.

Die beiden Gäste sind enttäuscht. Die ganz eigene, gemütliche Stimmung, die diesen Landgasthof im besten Sinne ausgemacht hat, ist hin. Es fehlen der professionelle Umgang mit dem Einzelnen, die erlebte Zustimmung der vielen Gäste, ihre fast anfassbare Zufriedenheit, die ausgelassene Freude der spielenden Kinder, die Geschäftigkeit der Kellnerinnen mit den duftenden und dampfenden Speisen oder riesigen Kuchenstücken auf ihren Tabletts. Was bleibt, ist eine normale Wirtschaft im Dorf.

Aus Sicht des neuen Chefs

Ich hatte mir von diesem Gasthof mehr versprochen. Mit der modernen Karte bin ich in dem anderen Haus sehr erfolgreich, doch hier sind die Leute komisch. Das alte Konzept, das Schnitzel-, Bratkartoffel- und

Kuchengeschäft ist nicht meins. Ich biete eine leichte Frischeküche und Zusätzliches wie Pralinen aus der Premium-Konditorei und edlen Balsamico-Essig an. Doch das kauft hier niemand.

Was den Service angeht: Auf die Kellnerin kann ich mich verlassen. Sie ist eine alte Bekannte der Familie, loyal und greift auch nicht in Kasse, wenn ich nicht hier bin – und ich kann ja nicht überall sein. Doch wenn das so weiter geht ...

Die Lösung?

Bewahre und pflege den Kern deiner Marke (siehe auch Kapitel 5 Bindung Seite 137)! Wer ihn tötet, bringt sich um die Kraftquelle seines Geschäfts. Diese Quelle heißt hier: solide-ländlich-gut mit erlebter Zustimmung durch die Gästeschar und großer innerer Zusammengehörigkeit.

SERVICE-TIPP **Zuerst einmal die eigene Einstellung überprüfen.** Wenn das eigene Konzept keinen Erfolg bringt, heißt es ändern, Neues ausprobieren, sich dabei vielleicht auf Bewährtes besinnen und das dann neu interpretieren.

Persönlich im Verkauf präsent sein. Gerade wenn der Erfolg wackelt, ist die persönliche Mitwirkung des Gastwirts vor Ort unabdingbar.

Den äußeren Rahmen optimieren. Alles was der Gast sieht, als Zeichen in der gesamten Botschaft des Hauses gestalten. Die Plastikdecken beispielsweise zerstören eine solche Botschaft von gepflegter, traditionsgeprägter Solidität.

Auf Bedienungen setzen, die diese Botschaft verstehen und sie leben können. Im Landgasthof müssen das keine Models sein – die gestandene Frau, die glaubwürdig die fleißige und kompetente Landfrau verkörpert, unterstützt die Werbe-Botschaft viel besser.

Wenn das Kind im Brunnen liegt: Dreifach anstrengen! Frühere Gäste wieder ansprechen und einladen. Anfangsfehler zugeben. Fragen, was diese Gäste wieder zu Ihnen führen könnte. Große Ziele in kleinen Schritten und langem Atem angehen. Oder, wenn Einstellung und Atem dazu fehlen, die Segel streichen und aufhören! Das ist dann die bessere Entscheidung.

Zimmer zum Wohlfühlen

Nur sauber reicht nicht

Die Seminarteilnehmerin kommt abends müde in ihr Hotelzimmer. Sie schaltet den Fernseher ein und will ihr Nachthemd aus dem Bett holen. Doch da ist es nicht. Es liegt lieblos auf den Sessel geworfen.

Auch im Bad ist sie irritiert: Sie hatte ihre Kosmetik heute Morgen sortiert nach Haar-, Gesichts- und Schminkprodukten zurückgelassen. Diese Ordnung ist ihr wichtig, wenn sie nicht zu Hause ist. Dann fühlt sie sich mehr daheim. Jetzt ist alles in eine Ecke geschoben. Dafür hat sie frische Handtücher, obwohl sie die benutzten aufgehängt hat, wie der Aufkleber an der Wand es aus Umweltschutzgründen anregt. Kopfschüttelnd macht sie die Badewanne an und steht im Nassen, denn der Duschkopf ist eingeschaltet. Verstimmt lässt sie das Baden, trocknet sich ab, räumt alles wieder richtig hin. Am nächsten Morgen spricht sie die Zimmerfrau auf dem Gang darauf an, doch sie bekommt keinen Gruß und keine Antwort – die sprachliche Verständigung klappt nicht.

Aus Sicht der Hausdame

Ich kenne die Probleme mit „meinen Mädels". Sie können zu wenig Deutsch, arbeiten langsam und nicht einmal gut. Doch so lange ich keine besseren bekomme, bin ich froh, wenn alles sauber ist und die Betten richtig gemacht sind. Alles andere muss ich persönlich prüfen und korrigieren.

Geben Sie sich nicht zufrieden. Auch ausländische Mitarbeiter und Mitarbeiterinnen sind lernfähig und meist lernwillig, wenn Sie als Chefin die richtige Ansprache finden und in Ihrer Autorität akzeptiert werden. Also wieder eine Führungsaufgabe.

Nutzen Sie bildliche Standards. Gerade die Bildergalerie im Personalraum nach dem Motto: „So soll es sein!" wirkt Wunder, vor allem wenn die Hausdame bei Zimmerchecks das tatsächliche Bild im Zimmer mit diesen Bildern in der Hand vergleichen und Abweichungen zeigen kann.

Holen Sie Ihre Mitarbeiter bei erkannten Mängeln dazu und lassen sie diese selbst ausbessern, eventuell nachdem Sie noch einmal vorgemacht haben, wie es richtig ist. Das lässt Standards verbindlich werden – Sie meinen es nämlich ernst!

Vermitteln Sie die „Wohlfühlaufgabe". Erklären Sie immer wieder in einfachen Worten, dass Gäste sich wie zu Hause wohlfühlen wollen (oder noch mehr!). Ständig wiederholt, prägt sich das jedem ein, auch wenn er die Sprache nicht so gut versteht. Dann klappen auch die kleinen Grüße im Flur und andere Serviceleistungen.

Und nicht zuletzt: „Ihre Mädels" sind erwachsene Frauen, die sich über Ihre Wertschätzung und eine gute Zusammenarbeit freuen.

Kurz-Check „Einarbeitung"

Fit in Standards UND Service im Housekeeping

	Checkpunkt	Erfüllt ✓	Nicht erfüllt	Maßnahme
Die neue Mitarbeiterin ...				
1	... kennt die Botschaft unseres Hauses.	☐	☐	....
2	... kann Zimmer und Bad nach Standard herrichten.	☐	☐	....
3	... kennt die Prüfpunkte, bevor sie ein Zimmer verlässt.	☐	☐	....
4	... kennt die Vorgaben rund um das Gasteigentum.	☐	☐	....
5	... hat schon ein Zimmer mit der Hausdame geprüft.	☐	☐	....
6	... kennt die Vorgaben für den Gastkontakt.	☐	☐	....
7	... grüßt, wenn sie einem Gast begegnet.	☐	☐	....
8	... kann den Gast bitten, sich an die Rezeption zu wenden.	☐	☐	....
9	... ist korrekt gekleidet.	☐	☐	....
10	... kennt Reinigungs- und Pflegevorgaben für die Zimmer.	☐	☐	....
	Summe			....
	Ergebnis in Prozent (Summe x 10)	☐	☐	....

Das wollen wir verbessern:

....

....

....

Wie sieht denn der Tagungsraum aus?

Trotz Fehler überzeugend professionell

Eine Seminarleiterin kommt morgens in den Tagungsraum, in dem sie heute einen Workshop mit 15 Teilnehmern moderieren wird. Sie hat dem Hotel vorher schriftlich die Anforderungen an die Raumausstattung gegeben. Jetzt steht sie statt vor einem Halbkreis mit 15 Stühlen ziemlich konsterniert vor einer parlamentarischen Sitzordnung mit Tischen und Stühlen für mindestens 30 Personen. Ihr fehlen zudem die vereinbarten Gruppenarbeitsplätze im Raum, der Tisch für das Moderationsmaterial und die drei Moderationswände. Die Veranstaltung beginnt in 45 Minuten, und sie kommt ziemlich beunruhigt an die Rezeption.

Zum Hintergrund

Das Hotel hat mehrere Tagungsräume und häufig Seminare oder Workshops im Haus. Damit Reservierung, Haustechnik und Gastronomie gut zusammenarbeiten, gibt es einen Ablaufplan für jede Veranstaltung, den die Reservierung schreibt und an die Verantwortlichen der Abteilungen weitergibt. In diesem Fall ist der zugehörige Ablaufplan nicht bei der Haustechnik angekommen, sodass dort niemand wusste, dass der Raum heute gebraucht wird und wie er zu bestuhlen und auszustatten ist.

Aus Sicht der Haustechnik

Den Plan haben wir nicht vorliegen! Das habe ich auch dem Kollegen vom Empfang gesagt. Aber das kriegen wir hin. Fünf Minuten später stehe ich mit zwei Kollegen im Seminarraum, weitere zehn Minuten später ist alles so gestellt wie gewünscht.

Ergebnis

Das beeindruckt die Seminarleiterin und sie gibt eine besonders positive Rückmeldung darüber an ihren Auftraggeber für den Workshop: „Zunächst ist ein Fehler passiert, aber es hat keine fünf Minuten gedauert, und die haben zu dritt ruck-zuck alles in Ordnung gebracht. Keiner war mürrisch, keiner ungeduldig, obwohl das auch bei denen sicher alles durcheinander gebracht hat. So etwas nenne ich Service!"

Mit Schnelligkeit und guter Stimmung sind Pannen schnell vergessen.

Wenn Fehler passiert sind, können Sie die Auswirkungen häufig gering halten, wenn Sie sie schnell beheben. Und wenn Sie Ihren Gast dann auch noch durch ihr eigenes positives Herangehen „bei Laune" halten, hat er den Fehler bei seiner Abreise häufig schon vergessen.

Ihren internen Ärger können Sie hinter den Kulissen loslassen, wenn Sie das für notwendig halten. Sorgen Sie aber immer dafür, dass Ihr Gast davon nichts mitbekommt!

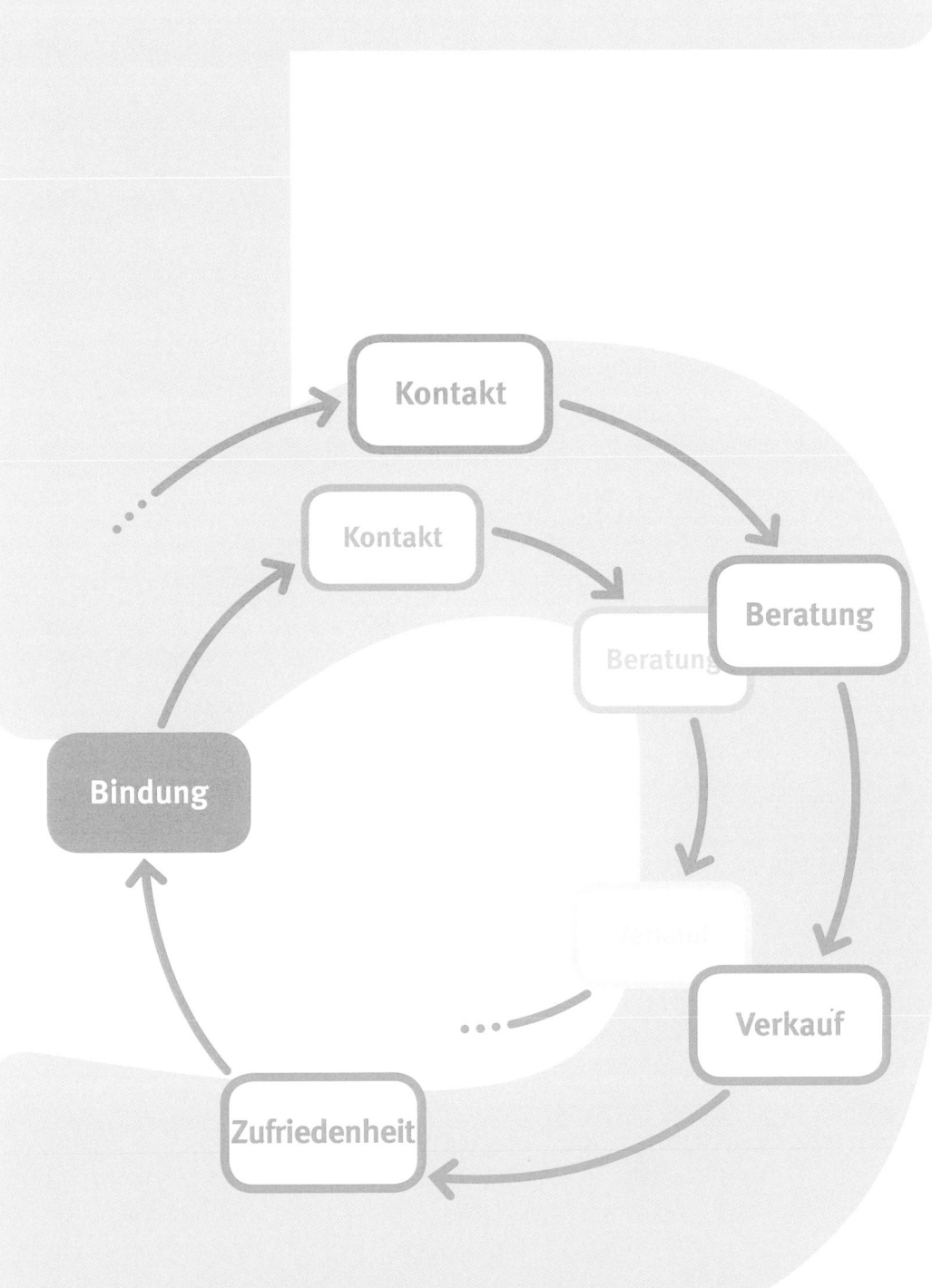

Bindung

Untersuchungen zeigen, dass es um ein Vielfaches teurer ist neue Gäste zu gewinnen, als bestehende zu halten. Gästebindung lohnt sich also, denn Stammgäste kennen das Restaurant oder Hotel bereits und wissen, was sie erwartet. Und umgekehrt kennen die Mitarbeiter ihre Gäste (hoffentlich!) von ihren vorherigen Besuchen. Alles kann entspannter und persönlicher ablaufen.

Wie können Anbieter ihre Gäste binden?

Das funktioniert im Wesentlichen über sechs Einflussgrößen:

1. Solide Kenntnisse
2. Vielfältige Überraschungen
3. Echte und virtuelle Clubs
4. Erkennbare Konstanz im Kern
5. Innovative Abwechslung
6. Stimmiges Markenbild

Alle sechs sind im Folgenden mit Umsetzungstipps erläutert. Dabei wird deutlich, dass Gästebindung vor allem eine Führungsaufgabe ist – Inhaber, Hoteldirektoren, Restaurantleiter sowie ihre nächsten Führungsebenen sind hier besonders gefragt!

Bei den folgenden Anregungen zur Bindung von Gästen wurde auf beschreibende Praxisfälle verzichtet, es finden sich stattdessen viele Umsetzungbeispiele zur Veranschaulichung.

Es ist viel teurer einen neuen Gast zu finden, als einen bestehenden zu binden.

Solide Kenntnisse

Gäste und ihre Vorlieben kennen

Technisch ist es heute in Hotels kein Problem mehr, Informationen über Gäste, ihre Wünsche und Abneigungen festzuhalten. Die Reservierungsprogramme beinhalten die Anwendungen für Customer Relations Management. Anspruchsvoller ist es im Restaurant oder gar im Quick-Service – hier gehen Gäste ein und aus, ohne dass ihr Name bekannt ist. Auch fehlt in diesen Lokalen oft das strukturierte Sammelbecken für Gästeinformationen.

▶ **Schaffen Sie ein solches Sammelbecken.** Das kann sein:
- Das Reservierungsbuch, in dem auch Besonderheiten notiert werden
- Ein alphabetisches „Adressverzeichnis" für Firmen-/Gästenamen und Notizen dazu
- Ein extra Outlook-Kontakt-Ordner im PC für strukturierte Gästeinformationen
- Eine Pinnwand im rückwärtigen Bereich, an die Informationen zu VIPs geheftet werden (vielleicht auch mit Foto)

▶ **Notieren Sie schriftlich im Hotel.** (für viele mag das selbstverständlich sein, doch die konsequente Umsetzung ist erfahrungsgemäß in der Praxis nicht immer gegeben):
- Namen von Begleitpersonen, möglichst mit Funktion
- Vorlieben für bestimmte Zimmer(-arten)
- Persönliche Wünsche zur Ausstattung (Bett mit Überlänge, Keil-/Kopfkissen, zusätzliche oder antiallergische Bettdecken, Kleiderbügel mit Haken, Mineralwasser, Badewanne, Bademantel...)
- Speisenallergien und Ersatzprodukte, z. B. glutenfreies Brot oder Soja-Molkereiprodukte zum Frühstück
- Schwere Reklamationen und ihre Lösung

▶ **Notieren Sie schriftlich im Restaurant.** (ganz kurz in Stichworten – der Aufwand lohnt sich!):
- Namen und Kontaktdaten von Gästen, die reserviert haben
- Wann sind sie mit wem zu welchem Anlass gekommen?
- Was hat besonders gut gefallen (Speisen, Weine, Biere ...)? Dann können Sie den Gast konkret informieren und einladen – per Telefon, Mail, Newsletter oder Brief mit Aktionsangeboten
- Welche Speisenallergien hat er oder seine Partnerin? Meidet er Alkohol?
- Was hat ihm nicht gefallen? Was hat er vielleicht sogar reklamiert? Wie haben Sie das gelöst?

▶ **Notieren Sie Wichtiges auch im Schnellrestaurant,** hier geht das im Kleinen, am besten in einem „Logbuch", auf das alle Zugriff haben:
  – Namen und Vorlieben von Stammgästen
  – Jede Reklamation – möglichst ebenfalls mit Name und Kontaktdaten (z. B. als eingeklebte Visitenkarte, die der Gast Ihnen aus diesem Anlass gibt)

Blättern Sie immer mal zurück und überlegen Sie, wen Sie länger nicht gesehen haben. Haben Sie den Mut und rufen Sie an – eine kleine Nachfrage hat schon manchen Gast zurückgebracht. Oder bieten Sie Ihren Newsletter an.

▶ **Bei Firmenkunden:** Informieren Sie sich in der Zeitung und im Internet über Aktuelles, dann haben Sie Stoff für den nächsten „small talk".

▶ **Nutzen Sie all das Wissen für Vorzugsangebote an Ihre Gäste:**
  – Der Martins- oder Weihnachtsbraten aus ausgesuchter Aufzucht, im Restaurant oder für zu Hause, küchen- oder verzehrfertig zu einem besonderen Preis
  – Geschenkideen, z. B. Badwäsche mit Monogramm (und einem kleinen Einnäher Ihres Hauses)
  – Deko-Artikel vor Ostern, Balkonsaison, Halloween oder Weihnachten
  – Tickets für das fast immer ausverkaufte Fußballstadion, Theater, die Oper, Gastspiel ...

Wenn DU weißt,
wer bist,
kannst werden,
wie sein willst.

„Nachhaltige Qualität"

Wissen sammeln – Vorteile bieten

Minuten	Inhalt, Methode und Hilfsmittel
0'	Einstieg „Je besser wir unsere Gäste kennen, desto passender können wir unser Angebot für sie machen oder sie mit Ideen überraschen. Heute wollen wir prüfen, welche Gastinformationen wir schon haben, und wie wir weitere sammeln können." **Wer kommt zu uns mit welchen Wünschen?** *Frage:* *„Welche Gäste kennen wir und warum?"* Antworten sammeln und evtl. ergänzen: ▶ Stammgäste, weil wir sie über viele Besuche kennengelernt haben, oder weil sie mit Karte zahlen und wir ihren Namen behalten haben; Gäste, für die wir eine namentliche Reservierung haben; Gäste, die uns ihre Visitenkarte gegeben haben, z. B. nach einer etwas heftigeren Reklamation … *Frage:* *„Welche Informationen haben wir über diese Gäste?"* Antworten sammeln und – wenn die Sammlung nicht umfangreich wird – herausstellen, dass es auch mehr sein könnten.
3'	**Welche Infos können wir bekommen?** *Frage:* *„Welche Informationen können wir denn bekommen? Zum Beispiel von Gästen, die …* *– bei uns reservieren* *– bei uns essen* *– bei uns übernachten* *– unser Wellnessangebot nutzen* *– sonstige Angebote von uns nutzen…"* ▶ Punkt für Punkt abarbeiten, Antworten sammeln, evtl. ergänzen und auf Flipchart notieren: – bei uns reservieren: Kontaktdaten, Anlass der Reservierung, persönliche Fest- und Feiertage (z. B. Geburtstag), Familienangehörige … – bei uns essen: Namen bei Kartenzahlung, Vorlieben und Abneigungen beim Essen und Trinken, Allergien …

Minuten	Inhalt, Methode und Hilfsmittel
	– bei uns übernachten: Vorliebe für bestimmte Zimmer, zusätzliches Kopfkissen, Bettlänge, Mineralwasser im Zimmer, Badewanne statt Dusche, Frühstücksgewohnheiten (auch hier mögliche Allergien …) – Wellnessangebote nutzen: Vorlieben und Abneigungen für bestimmte Uhrzeiten, Sauna- und Massagearten, Handtücher oder Bademantel, … – Sonstige Angebote nutzen: Daten von Jubiläen oder Festtagen für den Gast, Familienangehörige, Vorliebe oder Abneigung für sportliche Aktivitäten, …
8'	**Infos sammeln: wo und wie?** *Frage:* *„Wenn alle diese Informationen zur Verfügung stehen können, ist die Frage, wer sie wo und wie sammelt. Wer hat dazu Ideen?"* Antworten sammeln und evtl. ergänzen: ▶ direkt hinter die Punkte auf das Flipchart schreiben.
10'	**Zusammenfassen und vereinbaren:** „Wir haben jetzt verschiedene Möglichkeiten zur Informationssammlung gefunden. ▶ Einmal im Zusammenhang nennen. „Wir hängen die Flipcharts im Büro aus, damit jeder daran erinnert wird, Informationen, die er bekommt, an unsere ‚Sammelstelle' weiterzugeben. Nutzt die Infos, die wir dann haben, bitte im Service für Empfehlungen und Angebote, wann immer ihr mit dem Gast zu tun habt. Herzlichen Dank!"

Vielfältige Überraschungen

EINFLUSSGRÖSSE

Begeisterung bindet Gäste

„Wie sollen wir denn noch Neues aufs Tapet bringen?", stöhnt manch ein Gastgeber, der seine Angebote rund um Logis, Essen und Trinken weiterentwickeln will. Vor allem, weil er weiß: „Was heute innovativ ist, wird bereits morgen ein alter Hut sein!"

Doch es hilft nichts: Die Konkurrenz schläft nicht. Der Nachbar buhlt um jeden Gast mit Ideen, die man selbst hätte haben können. Also, hinein ins Brainstorming! Es geht um die oft kleinen positiven Überraschungen, die Ihre Gäste verblüffen, weil sie sie bei Ihnen nicht erwartet haben.

SERVICE-TIPP

▶ **Vergegenwärtigen Sie sich den Weg des Gastes in Ihrem Haus:**

– Wo erlebt er Sie und Ihr Team überall? Was erwartet er hier als ganz normale Leistung? Wo und womit können Sie ihn überraschen?

– Beispielsweise im Eingangsbereich: Er wird sofort wahrgenommen und begrüßt, zumindest mit einem freundlichen Blickkontakt, vielleicht auch persönlich erkannt.

– Und am Empfang: Er wird persönlich begrüßt mit einem „Schön, dass Sie da sind! Wir haben Sie schon erwartet."

– Vor seiner Bahnanreise wird er angerufen und gefragt, ob und wann er am Bahnhof abgeholt werden möchte.

– Im Zimmer wartet das Mineralwasser mit einem Gruß des Hauses (ohne Preisschild).

– Der Stammgast erhält zunächst ein kleines Glas zur Begrüßung und auch einen Gruß aus der Küche, selbst wenn er „nur" eine Vorspeise bestellt hat.

– Analog kann das auch der Digestif oder das Konfekt zum Kaffee sein – oder immer wieder etwas Neues.

– Gutscheine für Vorzugspreise für Übernachtungen oder saisonale Speisenaktionen vertiefen ebenfalls die Freundschaft.

– Schnelligkeit überrascht immer wieder, zumal viele Gäste Wartezeiten, die sie nicht verstehen, als ärgerlichen Zeitdiebstahl empfinden. Überlegen Sie, wie Sie langweiliges Warten verkürzen. Machen Sie das auch deutlich: „Nehmen Sie schon mal Platz, ich bringe Ihnen das …", „Kommen Sie zu mir, ich bin auch für Sie da!", „Lassen Sie Ihr Gepäck doch hier, wir bringen es auf Ihr Zimmer. Dann können Sie schon mal …"

– Bieten Sie optische Unterhaltung mit bewegten Bildern, z. B. über TV-Programme, schöne „loungige" Bilder, Screens mit Produktin-

formationen, Landschaften, in denen Ihre Lebensmittel wachsen, Aktionsankündigungen, Beschäftigungsangebote wie optische Täuschungen, über die Ihre Gäste diskutieren oder lachen können ...

▶ **Bieten Sie einfach mehr und konsequenten Service,** wann immer Ihr Gast Sie und Ihre Mitarbeiter erlebt. Denn das können nicht viele Dienstleister, was ja in der angeblichen „Servicewüste Deutschland" immer wieder beklagt wird. Doch Gäste bewerten Service erst dann als gut bis sehr gut, wenn sie mehr als 80 Prozent ihrer vielen einzelnen Anforderungen und Erwartungen an diese Leistung erfüllt sehen. Das ist ein sportliches Ziel, dem Sie sich mit sportlichem Training nähern können:

– Erklären Sie immer wieder die Philosophie Ihres Hauses. Was wollen Sie für Ihre Gäste tun? Je besser Ihre Mitarbeiter das verstehen und verinnerlichen, desto stabiler ist ihre positive Einstellung zu Gastfreundschaft und Teamgeist.

– Wirken Sie als Führungskraft aktiv an der alltäglichen Teamarbeit mit: Sorgen Sie für die konsequente Einarbeitung neuer Mitarbeiter, für klare Aufgabenverteilungen, für einen freundlichen Ton und Hilfsbereitschaft untereinander, für ein faires Miteinander, kurz: für ein gutes Betriebsklima. Wenn das intern klappt, kann Ihr Team es nach außen ausstrahlen.

– Klären Sie immer wieder neu: „Was heißt Freundlichkeit bei uns? Wie sieht sie in einzelnen Situationen aus?" Das macht die global-galaktische Freundlichkeitsforderung, unter der jeder etwas anderes verstehen kann, konkret anfassbar und hilft den Mitarbeitern in ihrer Orientierung. Denn die oft beschworene „gute Kinderstube" bringen Mitarbeiter nicht automatisch mit.

– Ganz zentral gilt nach wie vor: Nutzen Sie Ihre Vorbildfunktion. Ihre Mitarbeiter glauben Ihnen das, was sie an Ihnen sehen und erleben, immer mehr als das, was Sie mit Ihren Worten sagen.

– Gastliche Qualität entsteht bei der Arbeit. Doch sie ist auf Dauer nur so gut, wie Sie sie prüfen. Kontrolle mit Anerkennung und Kritik gehört zur Aufgabe. Nur so lässt sich die (Bindungs-)Qualität von mehr als 80 Prozent auch wirklich erreichen und festigen.

Echte und virtuelle Clubs

EINFLUSSGRÖSSE

Fangemeinschaften schaffen und pflegen

Der Clubgedanke zielt von Hause aus schon auf Bindung. Menschen, die das Gleiche mögen, finden sich zusammen, tauschen sich aus und machen etwas gemeinsam: im besten Fall emotional mit Ehrgeiz und Leidenschaft.

Hotels und Restaurants können sich Clubs zunutze machen: Sie können entweder selbst welche aufbauen oder sich an Gemeinschaften mit gutem Namen beteiligen. Und sie kommen kaum mehr daran vorbei, sich in den virtuellen Communities zu engagieren.

SERVICE-TIPP

▶ **Selbst aufgebaute Clubs:**
- Gründen Sie selbst einen Bridge-, Lauf- und Sauna-, Skat-, Alt-Herren-Fußball-, Biker-, Fitness-, Erziehungshilfe-, Kochclub ... Ideen gibt es viele – vom klassischen Ansatz bis in die neuen Szenen hinein. Sinn ist, Mitglieder mit einer Mitgliedskarte auszustatten, die sie regelmäßig in ihrer Brieftasche sehen, und sie immer wieder zum gemeinsamen Erleben in Ihre Räume zu holen.
- Schaffen Sie Ihren eigenen Fanclub – mit Stammgästen, die Sie intensiver informieren und zu Ihren Veranstaltungen oder Aktionen einladen. T-Shirts, Caps, Kochrezepte, Kochschürzen etc. mit Ihrem Markenlogo unterstützen die Zusammengehörigkeit und stärken Ihr Image. Intensivieren können Sie das über gemeinsame Aktivitäten wie z. B. Kochseminare, Kinder-Kochkurse, Vortragsreihen, Dinner-Shows, Deko-Events vor den Festtagen.

▶ **Einstieg in andere Clubs:**
- Überlegen Sie, welche Clubs oder andere Communities in der Stadt zu Ihnen passen und den „Glanz Ihrer Marke" noch verstärken können. Der örtliche Fußball-, Handball- oder Basketballverein? Die Taucher oder die Kletterer? Die Schützen oder Sänger? Der Gourmet- oder Köcheclub? Die Rotarier, Lions oder Zontas? Die Marathonläufer, der Marketing-Club?
- Nehmen Sie Kontakt auf und motivieren Sie die Herrschaften, sich bei Ihnen zu treffen. Bauen Sie Verbindungen auf, überzeugen Sie durch Leistung und Atmosphäre und bieten Sie eine Zusammenarbeit für das nächste Turnier oder die nächste Feier an.

▶ **Social Media:**
- Was früher der Stammtisch für den Ruf von Gaststätten und Hotels tun konnte, leistet heute das Internet – mit einem entschei-

denden Unterschied: Die Meinung des Stammtisches war nach der nächsten Neuigkeit wieder vergessen und erreichte höchstens die Einwohner der eigenen Stadt. Das Internet vergisst nichts und erreicht Millionen Menschen.

Dabei ist nicht die „gute alte Form" des Internets gemeint, in dem jedes Unternehmen seinen wohl durchdachten Auftritt mit einer Homepage und Kontaktmöglichkeiten hat. Hier geht es um das neue Web 2.0, das als sogenanntes Mitmach-Web völlig neue Dimensionen der Gastkommunikation und -bindung eröffnet.

▶ **Web 2.0 – wer bietet was?**

–   Hier sind Xing und/oder Facebook, wer-kennt-wen, Linkedin oder studiVZ angesagt und neue Communities kommen laufend hinzu. Ein kleiner Einblick: Xing bietet sich für eher berufliche Kontakte an, z. B. zu Firmen oder Verbänden. Facebook ist das flächendeckende und ständig wachsende Netzwerk über fast alle gesellschaftlichen Gruppen hinweg. studiVZ ist die Online-Community für Studenten, Linkedin gilt eher für die internationale Verbindungspflege. Daneben tummeln sich Städteportale wie Qype, wellcome oder meinestadt.de und verschiedene andere Online-Angebote zum Buchen wie HRS oder Expedia, zum Preisvergleich wie trivago oder Holiday Check, zum Bewerten von Produkten aller Art, z. B. eBay, Amazon oder billiger.de. Sie alle haben eines gemeinsam: Sie leben von Neuigkeiten, Geschichten und persönlichen Erlebnissen, die ihre Nutzer dort veröffentlichen und sind damit für die Mehrzahl der deutschen Konsumenten glaubwürdig. Und auch, wenn Sie sich mit Ihrem Hause für diese Medien vielleicht noch nicht aktiv interessiert haben – Sie sind „drin" über die Geschichten Ihrer Gäste, sobald es etwas Besonderes zu berichten gibt. Mittlerweile gilt: Wer nicht in Meinungsportalen auftaucht, hat massive Wettbewerbsnachteile.

▶ **Machen Sie von sich reden!**

–   Wichtig ist also zunächst, dass Gäste eine Meinung über Ihr Haus verbreiten, denn Meinungen und selbst Beschwerden führen dazu, dass Sie in den gängigen Suchmaschinen gefunden werden. Besser ist natürlich, wenn diese Meinung positiv ist und das passiert häufiger, als manche Anbieter befürchten. Eine Studie der Gesellschaft für Konsumforschung belegt, dass 80 Prozent aller Bewertungen in Online-Portalen positiv sind. Kunden oder Gäste lieben es, andere von ihrer guten Wahl zu überzeugen, aber sie sind auch gnadenlos, wenn sie sich schlecht behandelt fühlen.

Dem sind Sie als Anbieter keinesfalls hilflos ausgeliefert. Jedes Unternehmen kann auf Facebook und Co. aktiv auftreten und Einfluss darauf nehmen, wie es in dieser Öffentlichkeit gesehen wird. Und wenn die Online-Community erst einmal wahrgenommen hat, dass da ein sympathischer Anbieter interessante Geschichten erzählt, hat er die Online-Nutzer schnell auf seiner Seite und es bilden sich wahre Fangemeinden. Die entscheidenden Fragen auf dem Weg dorthin lauten:

▶ **Was und wen wollen Sie erreichen?**

– Wie schaffen Sie in diesem Kreis wirksame Mundpropaganda? Sicher nicht, wenn die Antwort auf: „Wie war's?" „Normal!" lautet. Auch hier gilt, Überraschen und Begeistern mit interessanten, gut lesbaren, amüsanten Stories. Denn die werden weiter erzählt, ob sie sich um einen besonderen Service, ein ungewöhnliches Produkt, eine witzige Idee für eine Verpackung oder eine besonders gute Tat drehen. Wichtig ist, dass sie erzählenswert und wahr sind. Denn was sich als reines Lippenbekenntnis herausstellt, wird häufig offen und ausführlich unter demselben Suchbegriff entlarvt.

Und was haben Sie neben dem positiven Image und Ihrem persönlichen „Fanclub" noch davon? Sie sind so nah am Puls Ihrer Gäste, wie sonst nirgendwo. Sie können jeden Tag lesen, was Ihre Gäste denken, ohne aufwändige Befragungen, lange Gespräche oder Meinungskärtchen mit einer unterirdischen Rücklaufquote. Das kostet Zeit, Überlegung und Mitarbeitereinsatz, aber es lohnt sich.

▶ **Und so funktioniert es:**

– Sie melden sich in den Social Networks an und laden Geschäftspartner sowie Schritt für Schritt Stammgäste ein, Ihr „Freund" zu werden. Wer zusagt, verstärkt Ihr Netzwerk. Diesem Kreis können Sie jetzt Ihre Geschichten erzählen, Angebote ankündigen, nach Meinungen fragen, auf Fragen antworten, Produkte zeigen, Veranstaltungen nachbesprechen, Werbemittel testen und vieles mehr. Aber Vorsicht: Verwechseln Sie die Social-Media-Plattform nicht mit Ihrer Homepage oder Ihrer Firmenbroschüre. Sie sind ein Kommunikationspartner unter vielen, der echt, interessant und spontan bleiben muss, um akzeptiert zu werden. Ihre Freunde tun kund, wenn ihnen das gefällt, und das sehen wieder deren Freunde – die sich dann vielleicht Ihrem Freundeskreis direkt anschließen. Gut gemacht (und durch tatsächliche erlebte Leistung in der Realität bestätigt) schaffen Sie so ein lebendiges Netz von positiven Verstärkern: durch Ihre Fans.

Oder „füttern" Sie Ihr Stadtportal mit Ihrem Angebot. Häufig haben Sie dort als Geschäftsinhaber die Möglichkeit, sich gratis eintragen zu lassen oder bereits vorhandene Einträge zu Ihrem Haus mit schönen Fotos zu optimieren. Lassen Sie sich dort finden unter den besten Restaurants, den besten Hotels, dem schnellsten Mittagstisch – was immer Sie sein wollen und können.

Stellen Sie sicher, dass sich ein Mitarbeiter regelmäßig um die Netzwerke kümmert. Gehen Sie täglich online, kommunizieren Sie mit Ihren Fans und denen, die es werden sollen, präsentieren Sie wöchentlich oder zumindest vierzehntägig neue Informationen, versenden Sie einen Gruß zum Wochenende, schicken Sie besonders schöne Fotos Ihres Hauses und machen Sie so immer wieder auf sich aufmerksam.

Reagieren Sie auf die Rückmeldungen Ihrer Community. Es darf nicht passieren, dass ein „Freund" oder Club-Mitglied das Gefühl bekommt, seine geäußerte Meinung finde kein Gehör.

Testen Sie immer wieder, was im Internet bei Eingabe der Suchbegriffe auftaucht, die Ihre Gäste wahrscheinlich eingeben, wenn Sie eine Leistung suchen, wie Sie sie anbieten. Sind Sie dabei? Wenn nicht, folgt Ihr möglicher Gast vielleicht den Versprechen von Mitbewerbern, statt Ihnen treu zu bleiben. Klären Sie mit Ihrem Administrator, wie Sie das ändern können.

Verfolgen Sie, wie Sie in den einschlägigen Bewertungsportalen besprochen werden. Gehen Sie kritischen Bewertungen nach, soweit möglich. Motivieren Sie zufriedene Gäste, sich ebenfalls hier zu äußern.

Erkennbare Konstanz im Kern

Eindeutig in der Identität

Jeder hat etwas, was er besonders gut kann. Das ist der eigentliche Grund, weswegen Gäste erst einmal und dann immer wieder kommen. Das ist sein Alleinstellungsmerkmal, was ihn von seinen Mitbewerbern abhebt. Was ist das nun in dem einzelnen Restaurant, in dem speziellen Hotel? Wie heißen diese Stärken in den Zimmern, auf dem Teller und im Glas, die weiter zu führen und auszubauen sind (zumindest so lange, wie sie den Gastgeschmack treffen)? Welche sind das rund um das Thema Service?

– eher anspruchsvoll als beliebig?
– eher spezifisch als allgemein?
– eher differenziert als global?
– eher familiär als anonym?
– eher persönlich als distanziert?
– eher individuell als Massenbetrieb?
– eher natürlich als formal?

Was will das Haus sein – immer aus dem Servicenutzen für den Gast heraus betrachtet? Welche Botschaft soll ankommen?

– A home away from home?
– Die Ruheinsel für Geschäftsreisende?
– Der Ausflugsgarten?
– Der Ort für Gesellschaften und Feste?
– Die hippe Event-Location?
– Der Meetingpoint?
– Der Szenetreff in der City?
– Die Flirt- und Partybühne?
– Das erste Café am Platz?
– Der Feierabendtreff?
– Das Wohnzimmer außer Haus?
– Die schnelle Pause zwischendurch?
– Das Vereinslokal?
– Der Raum für das gute Alte, das es kaum mehr gibt?
– Das einfache oder gehobene Speisenlokal lokaler Prägung?
– ...

Letztlich geht es um die Identität, die den Rahmen für alles setzt, was hier stattfindet. Die Stärken sollen das Gesicht von Angebot und Service so prägen, dass der Gast es immer wieder erkennt – auch durch Überraschungen und Neu-Interpretationen hindurch schimmernd. Das ist schwer zu fassen, doch es prägt die Marke, die jedes Haus faktisch hat – auch das kleine. Sie schafft Vertrauen!

► **Schaffen Sie eine Einheit aus Form und Inhalt:**

- Die Inhalte sind beispielsweise das Themenhotel lokaler, regionaler oder ethnischer Prägung, das Restaurant mit den einheimischen, internationalen oder mediterranen Speisen, der Imbiss mit den schnellen bodenständigen oder den amerikanisch geprägten Snacks …
- Die Form spricht das Servicethema an: Die Mitarbeiter, die in ihrem Typ und Alter die Gästezielgruppe ansprechen können, die ihre Sprache sprechen, ihre Interessen gut kennen und Stammgäste gut und gerne umsorgen und begeistern. Diese Standards finden sich auch schriftlich wieder, in Einarbeitungsprogrammen, „Herzlich willkommen-Broschüren", auf PC-Startseiten oder im Intranet, von allen zuverlässig in die Tat umgesetzt.
- Sorgen Sie dafür, dass das „Drumherum" ebenfalls dazu passt. Dazu gehören Licht und Ton, Dekoration und Ausstattung, einfach alles, was die „Persönlichkeit" des Hauses ausmacht.

Menschen mögen vergessen, was Du gesagt oder getan hast, aber sie vergessen nie, wie sie sich bei Dir gefühlt haben.

Maya Angelou, amerikanische Menschenrechtlerin

„Unsere Philosophie"

Wer wollen wir sein?

Minuten	Inhalt, Methode und Hilfsmittel
0'	Einstieg „Jedes Haus hat ein Alleinstellungsmerkmal, etwas das es kennzeichnet und im Kopf seines Gastes einen festen Platz einnehmen lässt. Der Gast kann das vielleicht nur schwer in Worte fassen, aber wir können überlegen: Wer wollen wir für den Gast sein?" **Wer sind wir für unsere Gäste?** *Aufgabe:* *„Bitte beschreibt einmal, was wir für den Gast sind. Sind wir sein zweites Zuhause, seine Ruheinsel, seine Party-meile, sein zweites Esszimmer, sein kleiner Pausensnack, sein Vereinslokal, …? Ich sammle eure Stichworte. Ruft mir einfach zu, was euch einfällt, auch wenn es etwas ver-rückt ist."* Antworten sammeln und mitschreiben. Prüfen, was am häufigsten genannt wird und die Begriffe besonders kennzeichnen.
4'	**Wir sind für unsere Gäste:** *Erklärung:* *„Aus unserer Sammlung zeichnet sich ab, dass wir nach eurer Meinung vor allem … sind. Passt das zu uns? Wollen wir das sein?* Wenn ja: Wie können wir diesen Eindruck noch ver-stärken und für unsere Gäste deutlicher machen? Wenn nicht: Was müssen wir ändern, um einen anderen Eindruck zu erreichen?" *Aufgabe:* Bitte sammelt zu zweit oder zu dritt Antworten auf die Frage.
8'	Antworten sammeln und mitschreiben.

Minuten	Inhalt, Methode und Hilfsmittel
10'	**Zusammenfassen und vereinbaren:** „Wir haben jetzt festgehalten, wer wir nach unserer Meinung für unsere Gäste sind, wer wir sein wollen und wie wir diesen Eindruck vertiefen können." ▶ Einmal im Zusammenhang nennen. „Wir hängen die Flipcharts im Pausenraum auf, damit jeder daran erinnert wird und jeden Tag daran mitarbeiten kann. Herzlichen Dank!"

Innovative Veränderung

EINFLUSSGRÖSSE

Abwechslungsreich im Erlebnis

Konstanz kann auch langweilen. Eintönigkeit schafft Verdruss. Lange-weile vergrault Gäste, die dank mobiler und digitaler Vernetzung zu jeder Zeit und an jedem Ort Neues aus der ganzen Welt aufnehmen können. Das Schlagwort heißt „Change", und dieser Wandel ist immer schneller gefragt – eine Hotel- oder Restaurantausstattung hält nicht mehr wie früher zehn Jahre und die Dekoration kaum mehr eine gan-ze Saison. Wer seine Gäste in kürzeren Abständen wiedersehen will, braucht den schnelleren Wechsel – natürlich im Rahmen seiner Identi-tät (siehe vorherige Seiten).

SERVICE-TIPP

▶ Stellen Sie Angebote in Free Flow, Restaurant, Rezeption oder Hotel-shop in kurzer Taktung um – damit Gäste Neues an alter Stelle fin-den und sich nach dem Altbekannten umschauen. Damit gewinnen sie frische und vielleicht überraschende Eindrücke.

▶ Verändern Sie Ihre Dekoration immer wieder. Sie muss dann nicht für die ganze Oster- oder Adventszeit halten: Zwei Wochen mit tra-ditionellen roten Kugeln, zwei Wochen in Winterweiß. Und: Wirklich üppig schmücken! Am besten ein Thema wählen und das konse-quent durchstylen.

▶ Meiden Sie die klassische Deko-Ausstattung Ihrer Zulieferer – die-se Servietten, Mitteldecken, Windlichter, Weihnachtssterne oder Kunsttulpen findet Ihr Gast in der Saison überall. Setzen Sie auf kre-ative Individualität, so wie es zu Ihnen passt. Das muss nicht teuer sein.

▶ Verändern Sie die Kleidung Ihrer Mitarbeiter mit den Jahreszeiten, zumindest in kleinen Details.

Schaffen Sie immer wieder neue und überraschende Bühnendekorati-onen! Dann kommen Gäste viel lieber wieder!

Kurz-Check „Bindung"

Stammgäste schaffen

	Checkpunkt	Erfüllt ✓	Nicht erfüllt	Maßnahme
1	Stammgäste sind Gäste, die mehr als … Mal im Jahr kommen.	☐	☐	....
2	Wir kennen unsere Stammgäste und behandeln sie persönlich.	☐	☐	....
3	Wir kennen den Anteil unserer Stammgäste: …….%	☐	☐	....
4	Mind. die Hälfte unserer Stammgäste überraschen wir 1x jährlich.	☐	☐	....
5	Wir laden Stammgäste zu saisonalen Höhepunkten ein.	☐	☐	....
6	Wir nutzen das Internet für unsere Angebote.	☐	☐	....
7	Wir sind in Facebook und/oder Xing präsent.	☐	☐	....
8	Wir speisen mind. 14-tägig Neues in Internet/Social Networks ein.	☐	☐	....
9	Wir merken, wenn Stammgäste länger nicht bei uns waren.	☐	☐	....
10	Wir sprechen Gäste an, die länger nicht mehr bei uns waren.	☐	☐	....
	Summe			....
	Ergebnis in Prozent (Summe x 10)	☐	☐	....

Das wollen wir verbessern:

....

....

....

....

Stimmiges Markenbild

Unverwechselbar im Auftritt

Marke wird über das äußere Erscheinungsbild genauso transportiert wie über die „innere Persönlichkeit". Zum äußeren Auftritt gehören zwingend die Werbeschilder draußen, die Speise- und Getränkekarten, die Angebotstafeln über den Büfetts und Verkaufstheken, die Prospekte, der Internetauftritt, die Geschäftsdrucksachen, die Rechnungen, die Informationsausschilderung im Haus (z. B. „Toiletten", „Garderobe", „Sauna" ...) und die Informationen auf den Zimmern.

Das alles soll aus einem Guss sein – mit einem klaren und ansprechenden Namen, immer demselben Logo, derselben Schrifttype, denselben Farben und derselben Bildsprache. Diese wiedererkennbare Linie (oder: Corporate Identity) unterstreicht die Botschaft des Hauses und verspricht Vertrauenswürdigkeit und Professionalität. Beides unterstützt die Bindung an glaubwürdige Gastgeber – gerade in Zeiten, in denen Gäste wechselwilliger werden.

▶ Lassen Sie alles Schriftliche und Bildliche von Profis gestalten. Auch wenn am PC vieles einfacher geworden ist – das Selbstgebastelte sieht häufig auch so aus. Lassen Sie sich für schnelle und flexible „Auslobungen" professionelle Masken gestalten, die Sie dann am eigenen PC in der richtigen Schrift und Form mit immer neuen Inhalten füllen können.

▶ Wechseln Sie aus, was den Zahn der Zeit erkennen lässt – und zwar frühzeitig!

▶ Finden Sie den richtigen Weg zwischen zu vielen und zu wenigen Schildern für eine sinnvolle Orientierung der Gäste.

▶ Schriftliche Informationen unterstützen – sie ersetzen aber keine persönliche Betreuung und Beratung der Gäste! Diese menschliche Kommunikation gehört zum Markenbild, macht Sie einzigartig und hebt Sie über die wichtige Hürde der 80 Prozent erlebter Servicequalität (siehe Seite 145).

▶ Erzählen Sie Geschichten – zum Haus, seiner Historie, interessanten Gästen und Ereignissen, erfolgreichen Events, Ihrem Küchenchef und seinem Werdegang ... Geschichten lassen die Identität aufleben und erleben.

▶ Ihr Markenbild lebt im persönlichen Kontakt von der Servicesprache. Packen Sie Gastnutzen in die Sätze und machen Sie die Vorteile, die Sie dem Gast bieten damit bewusst:
  – „Für Sie haben wir ..."
  – „Auf Wunsch unserer Gäste haben wir ..."
  – „Mit der neuen Öffnungszeit können Sie ..."
  – „Sie erhalten von uns ..."

▶ Fragen Sie zufriedene Gäste, für wen in ihrem Bekanntenkreis oder Geschäftsumfeld Ihre Leistung denn noch interessant wäre. Dann können Sie dort ein Angebot machen und sich auf die Empfehlung des Gastes beziehen. Das ist einerseits glaubwürdiger als eine Kontaktaufnahme aus heiterem Himmel. Andererseits macht es Ihrem heutigen Gast bewusst, wie zufrieden er ist. Sonst würde er keine Empfehlung aussprechen.

Seien Sie **unverwechselbar** im AUFTRITT

Christine Possler

Training, Beratung, Coaching – das sind die „Spielfelder" von Christine Possler. Ursprünglich aus den Haushalts- und Ernährungswissenschaften kommend steigt sie 1990 im Rahmen eines Gastronomieprojekts in das Beratungs- und Trainingsgeschäft ein. Dabei stellt sie sehr schnell fest, dass es sie noch mehr interessiert, wie Gastronomen mit ihren Gästen umgehen, als wie sie ihre Lebensmittel behandeln. Das Thema Service lässt sie nicht mehr los und bezieht sich heute nicht mehr nur auf Gäste, sondern auch auf Kunden, Kollegen, Patienten – kurz: auf alle, die Service von Menschen für Menschen erleben.

Seit 20 Jahren unterstützt sie Mitarbeiter aus unterschiedlichen Branchen in ihrer Servicekompetenz. Dazu braucht es nach ihrer Überzeugung eine funktionierende Führung, eine effiziente Organisation und eine gute Kommunikation – sonst hat niemand Motivation und Zeit für Service und der Gast erlebt Aufmerksamkeit und Zuwendung nicht als positiv. Rund um diese drei Standbeine ranken sich die Projekte, in denen Christine Possler – für viele Unternehmen zusammen mit Ulla Thombansen – arbeitet. Gastronomie, Hotellerie, Gemeinschaftsverpflegung und Systemgastronomie bilden den Schwerpunkt, Gästebetreuung in Erlebnisparks, Service in Kliniken und in dienstleistungsintensiven Bereichen der Automobilbranche ergänzen das Bild. Dabei verbindet sie mit vielen Kunden eine langjährige Zusammenarbeit, die positive Entwicklungen nachhaltig sichert.

Ulla Thombansen

Unternehmerin, Beraterin und Trainerin, das sind die drei beruflichen Rollen von Ulla Thombansen. Als rote Fäden ziehen sich Serviceorientierung und angestrebte Wirtschaftlichkeit durch dieses Aufgabentrio, und das seit gut 30 Jahren. Nach dem Studium der Volkswirtschaftslehre in Freiburg – mit intensiver gastronomischer Parallelpraxis in einem Kettenunternehmen, das noch heute einen festen Platz in der deutschen Systemgastronomie hat – folgen Wanderjahre im amerikanischen Konzern und deutschen Familienunternehmen. Wohnortwechsel und Mutterrolle beschleunigen den angestrebten Wechsel in die Selbstständigkeit: zunächst als Management- und Kommunikations-Trainerin, dann zunehmend in der Beratung unterschiedlicher gastronomischer Segmente.

1988 folgt die Gründung von MUT, nach anfänglich starker Marketingausrichtung inzwischen als MUTmanagement Ulla Thombansen übersetzt. Konstant und nachhaltig ist die Überzeugung: „Wir wollen zu Top-Service erMUTigen, der sich bei uns und unseren Kunden in Führungsqualität, Teamleistung, Alleinstellung im Markt und ökonomischem Erfolg ausdrückt." Erfahrungsschwerpunkte sind die Gemeinschaftsverpflegung, vor allem in Unternehmen und Universitäten; die Systemgastronomie, vor allem in Handel und Verkehr; sowie die Eventwirtschaft einschließlich Hotellerie, Freizeit- und Sportgastronomie. So ist insbesondere das Public Catering in Fußballstadien im In- und Ausland ein wichtiges Standbein. In der produzierenden Industrie geht es zudem um die interne Serviceorientierung von Fachabteilungen.

Neben dem Training ist die Beratung das wichtigste Aufgabenfeld, flankiert von befristeter Übernahme von Projektverantwortung in Kundenunternehmen. Hierbei geht es immer wieder um Kommunikation und Servicequalität – mit den notwendigen Systembeschreibungen rund um Ziele, Organisation, Kultur und Prozesse, um Führungs- und Fachkompetenz, was Qualitätsmanagement mit Hygiene und Sicherheit einschließt.